Principes

LES ÉLÉMENTS CLÉS DE LA MONDIALISATION

VINCENT BAUDRAND

CARTES RÉALISÉES PAR
OLIVIER VILAÇA

Collection Principes **Studyrama**

	Références
1re Guerre mondiale : dates, thèmes, noms	*516*
30 modèles de commentaires composés : méthodologie & applications	*512*
40 thèmes pour comprendre la Seconde Guerre mondiale	*524*
130 morceaux choisis de culture générale	*514*
A quoi sert l'Organisation mondiale du commerce ?	*509*
Anglais, éviter les pièges aux examens et aux concours	*504*
Dictionnaire de la pensée économique	*501*
Dictionnaire des 500 notions économiques indispensables	*502*
Dictionnaire des grands auteurs de la littérature et des sciences humaines	*500*
L'économie du travail : concepts, débats et analyses	*510*
L'indispensable du droit constitutionnel	*515*
Les grands thèmes de l'économie en 500 questions	*529*
Les maths : bien négocier son passage du secondaire au supérieur	*511*
Les mythes : une culture générale pour les examens et concours	*513*
Réussir les oraux des examens et concours	*507*
Savoir problématiser : Littérature, philosophie, histoire, géographie	*517*
Savoir problématiser : Economie et droit	*535*
Savoir rédiger : maîtriser son expression écrite	*506*

Sommaire

Introduction 13

Partie I
Les mots de la mondialisation 15

1. L'historique du mot 19

- La naissance d'un mot et d'une idée 19
- Le succès économique du mot 20
- Le triomphe du mot 22

2. Trois regards sur la mondialisation 25

- La mondialisation selon les économistes 25
- La mondialisation selon les politistes 29
- La mondialisation selon les géographes 32

3. Glossaire de ce que n'est pas la mondialisation 39

Partie II
La dynamique de la mondialisation *43*

1. Les prémices de la mondialisation : 1492-1840 *47*

■ Un Monde cloisonné *47*
■ Le désenclavement du Monde *50*
■ Une économie-Monde européocentrée *52*

2. L'amorce de la mondialisation : 1840-1945 *55*

■ Révolution industrielle et mondialisation *55*
■ Colonisation européenne et mondialisation *58*
Les motifs de la mainmise européenne sur le Monde *58*
Les effets mondialisateurs de la colonisation *61*
■ Guerres mondiales et mondialisation *63*

3. L'approfondissement de la mondialisation : de 1945 à nos jours *66*

■ L'accroissement de la demande mondiale *66*
■ La réduction des obstacles aux échanges *68*
La diminution de la distance physique *68*
L'effacement de la distance économique *72*
■ L'homogénéisation de la communauté internationale *74*

Partie III
Les flux de la mondialisation 81

1. Les flux de marchandises : le commerce mondial 85

■ La croissance des échanges commerciaux depuis le début du XIXe siècle 85
L'expansion spectaculaire des échanges de biens 86
La progression récente des échanges de services 87
■ L'évolution de la structure des échanges mondiaux 88
L'évolution de la composition des échanges de marchandises 88
L'évolution de l'organisation de l'espace mondial des échanges 93
■ Vers un marché mondial unique ? 97
Intégration mondiale... 97
... ou intégration régionale ? 99

2. Les flux de capitaux : la globalisation financière 102

■ Facteurs et étapes de la globalisation financière 102
Les étapes de la mondialisation des flux de capitaux 102
Les facteurs de la globalisation financière 104
■ Le marché mondialisé de l'argent 106
Une double unité 107
Finance globalisée versus économie productive 109

■ Flux de capitaux et mondialisation de la production 110
L'explosion récente des flux mondiaux d'IDE 111
La concentration croissante des flux d'IDE au sein de la triade 112
La mise en place de réseaux productifs transnationaux : vers une production mondialisée ? 116

3. Les flux de personnes : les migrations internationales 118

■ Des migrations intercontinentales aux migrations Sud-Nord 118
■ Intégration et cloisonnement du système migratoire mondial 121
La mise en place d'un système migratoire mondialisé 121
Les migrations : le « refoulé de la mondialisation » ? 125
■ La « mise en tourisme » du Monde 128

4. Les flux d'informations : la mondialisation culturelle 134

■ L'extrême variété des flux d'informations 134
■ La concentration de l'offre mondiale d'information 137
■ Vers une américanisation du Monde ? 140
Homogénéisation versus différenciation 141
Qu'est-ce que la culture ? 143

Partie IV

Les acteurs de la mondialisation 145

1. Les acteurs étatiques 149

■ Les Etats 149

Unité juridique et disparité de puissance des Etats 149

L'inégale capacité d'action des Etats au niveau mondial 151

■ Les organisations internationales 153

Le besoin croissant de coopération interétatique 154

Les OI : embryon d'un gouvernement mondial ? 159

■ La fin de l'Etat ? 163

Les indices du « débordement de l'Etat » 163

Le renouvellement du rôle de l'Etat 165

Un débat faussé 167

2. Les firmes multinationales 169

■ Un vecteur essentiel de l'intégration économique mondiale 169

■ Réseaux multinationaux et économies nationales 173

■ Vers l'émergence d'entreprises globales ? 176

3. Les forces transnationales 180

■ Les organisations transnationales 181

Les collectivités territoriales 181

Les ONG 185

Les « forces de l'ombre » (M. Merle) 187

■ Les mouvements transnationaux 188
Les individus face à la mondialisation 189
Le cas particulier des migrants 190
■ Vers une société mondiale ? 191
La « construction sociale » du Monde 192
Les linéaments d'une opinion publique mondiale 194

Conclusion 199

Index 201

Glossaire des sigles utilisés 205

Table des cartes 207

Bibliographie indicative 209

Introduction

Phénomène aujourd'hui omniprésent, la mondialisation est le plus souvent envisagée sous un angle strictement économique. Or la mondialisation est un processus social global à la fois historique, géographique, sociologique, politique et économique. Elle peut être lue comme un changement d'échelle vers le niveau mondial de réalités sociales de toutes sortes (marchés, financements, opinions, idéologies, modes, sports, loisirs, maladies, pollution...) jusqu'alors limitées à des niveaux inférieurs. La mondialisation n'est donc rien d'autre que la mise en place — certes encore très lacunaire à l'heure actuelle — d'une échelle supplémentaire d'appartenance, placée au-dessus des sociétés nationales. Autrement dit, une « construction sociale » du Monde.

Pour saisir la mondialisation dans sa globalité, le présent ouvrage a cherché à adopter la démarche la plus transdisciplinaire possible, au carrefour de l'histoire, de la géographie, de l'économie et de la sociologie.

Trois grands thèmes transversaux ont ainsi été retenus : en tant que processus social, la mondialisation obéit à une dynamique historique plus ou moins cohérente, résultant des actions et des interactions d'acteurs variés, et dont la première manifestation réside dans la croissance et la diversification des flux à l'échelle mondiale.

Mais avant toute chose, il convient, pour saisir la spécificité de cette approche, de la situer dans la diversité des analyses et des définitions dont a fait l'objet le phénomène de mondialisation depuis ces dernières décennies.

Partie I

Les mots de la mondialisation

Circonscrit à un petit nombre d'économistes au début des années 1990, le terme de « mondialisation » occupe désormais une place centrale au sein du champ des sciences sociales et dans les débats contemporains en général. Or la forte occurrence du mot est inversement proportionnelle à sa précision : il comporte de nombreuses acceptions et ne correspond pas à un concept rigoureusement défini.

Terme récent désignant des réalités mouvantes, il fait l'objet d'analyses scientifiques divergentes et d'investissements idéologiques puissants. D'où l'impression de confusion voire d'approximation dès lors que l'on aborde la question de la mondialisation. Aussi, toute étude du processus de mondialisation doit-elle envisager une mise au point préalable sur les différentes interprétations scientifiques du phénomène et en premier lieu sur l'histoire de la construction sémantique du mot lui-même.

1. L'historique du mot

Depuis son apparition, le terme de « mondialisation » a connu une importante évolution sémantique. L'histoire de cette constitution progressive révèle la complexité du mot et de la réalité qu'il désigne. Si l'idée de mondialisation apparaît dès le début des années 1960 dans les écrits d'universitaires américains, il faut attendre le début des années 1980 pour voir le terme lui-même de « mondialisation » être utilisé dans un sens précis et inédit. Alors réservé au champ de l'économie d'entreprise, il va connaître une diffusion rapide au cours des années 1990 au sein d'autres disciplines universitaires avant de gagner le champ médiatique[1].

La naissance d'un mot et d'une idée

En français comme en anglais, les mots « mondialisation » et « *globalization* » (ou « globalisation ») apparaissent entre la fin des années 1950 et le début des années 1960, dans un sens alors très neutre : ils désignent seulement « *le fait de devenir mondial, de se répandre dans le monde entier* » (définition du *Robert* en un volume, éd. 1960).

L'idée de mondialisation, elle, ne commence à s'esquisser qu'à la fin des années 1960, en Amérique du Nord. Des travaux universitaires développent alors une nouvelle vision du Monde[2]

1. Nous nous appuyons ici sur les travaux de R. Dagorn résumés notamment dans « Une brève histoire du mot mondialisation », in GEMDEV, *La Mondialisation les mots et les choses*, Karthala, Paris, 1999.
2. La majuscule témoigne de la prise en compte du monde comme espace géographique à part entière (donc désigné par un nom propre) et non plus seulement comme un niveau scalaire (au sens de « mondial »).

à travers la naissance d'une « société globale ». Sans employer spécifiquement le terme de « mondialisation », les auteurs n'en désignent pas moins des réalités et des dynamiques particulières que des travaux ultérieurs tenteront d'interpréter à travers le vocable anglais de « *globalization* ».

Dans le contexte de la détente américano-soviétique et de la montée en puissance du mouvement des pays non-alignés, plusieurs théoriciens postulent la naissance d'une « société-Monde » fondée sur la création de solidarités transnationales dépassant le cadre des Etats.

Parmi ces théoriciens, le premier et le plus célèbre, est M. McLuhan qui annonce dès 1962, dans son ouvrage *La Galaxie Gutenberg*, la naissance d'un « village global » grâce à la transmission simultanée des informations aux quatre coins du Monde — comme semble l'attester alors la couverture en direct par la télévision de la guerre du Vietnam. Dans les années 1960 et 1970, des auteurs anglo-saxons comme Z. Brzezinski, J. Burton, O. Keohane ou J. Nye contribuent également à la diffusion des thèses de la « société-Monde » et de la transnationalité avant qu'elles ne disparaissent durant les années 1980 avec la résurgence des tensions Est-Ouest.

C'est pourtant au cours de cette décennie que le terme lui-même de « mondialisation » au sens anglais de « *globalization* » va être employé pour la première fois afin de qualifier un phénomène particulier et strictement économique.

Le succès économique du mot

L'usage répandu du mot « mondialisation » naît en fait dans les écoles de management américaines.

Le premier à introduire le terme est l'économiste T. Levitt, dans un article paru en 1983 dans le *Havard Business Review*, pour désigner la convergence des marchés dans le Monde entier, à travers l'action d'une nouvelle forme d'entreprise, la « firme globale ».

Cependant, c'est à K. Ohmae, consultant japonais chez McKinsey, que revient le mérite d'avoir « popularisé » la notion, toujours dans le domaine de la gestion des firmes multinationales (FMN), mais dans un sens plus précis. Dans son ouvrage paru en 1985, *La Triade, émergence d'une stratégie mondiale de la puissance*, il montre qu'une FMN doit, pour survivre dans la compétition acharnée que se livrent les grands groupes au sein de la triade[1], accéder désormais à une vision et à un fonctionnement de dimension globale (en fait ici « triadique »).

Parallèlement aux analyses du fonctionnement des firmes, le mot tend, à partir du milieu des années 1980, à caractériser l'évolution de la sphère financière. Dans ce nouveau sens financier, la notion décrit à la fois l'explosion des flux de capitaux et l'intégration des marchés financiers et boursiers, le tout sous l'effet des politiques de déréglementation et le développement des nouvelles technologies de l'information et de la communication (NTIC). C'est cette nouvelle acception du mot anglais « *globalization* » qui est introduite en premier dans la littérature française, mais sous le vocable de « globalisation » (alors synonyme en français du mot « mondialisation »).

Ainsi, au début des années 1990, le contenu du mot apparaît précisément défini dans un sens économique et financier. Surtout, il est porteur de l'idée, chère en leur temps aux théori-

1. On entend par « triade », les trois principaux pôles de développement que sont les Etats-Unis, l'Union européenne et le Japon.

ciens de la « société-Monde », de changement d'échelle et de dépassement des structures (économiques seulement ici) de niveau national.

Or c'est précisément cette idée sous-jacente qui explique le triomphe du mot dans l'ensemble du corps social à partir du début des années 1990 dans le contexte de l'après-guerre froide.

Le triomphe du mot

Plusieurs raisons expliquent la diffusion rapide et généralisée du mot dans les années 1990.

Tout d'abord, la fin de la confrontation Est-Ouest et l'échec avéré des modèles de développement autocentré suggèrent l'idée d'un Monde globalisé, unifié autour et par le marché.

De même, la multiplication des atteintes à l'environnement et le succès des thèses écologistes favorisent l'essor d'une perception commune de l'unité de la planète et de la fragilité de ses équilibres.

Par ailleurs, les années 1990 sont marquées par l'accentuation des phénomènes économiques d'intégration transnationale à grande échelle, à la fois au niveau financier, commercial et productif.

Enfin, considérant ces processus d'intégration économique, de nombreuses organisations internationales ainsi que l'OCDE (Organisation de coopération et de développement économique) vont récupérer le mot et l'utiliser abondamment dans leurs rapports (aux dépens de l'ancienne notion d'« internationalisation »), participant ainsi à sa banalisation.

Tous ces éléments se combinent donc pour faire de la mondialisation/globalisation « *le bon mot au bon moment* » (R. Dagorn) contrairement, par exemple, à la notion de « nouvel ordre mondial » apparue au début des années 1990.

Ainsi, en quelques années, le mot se diffuse et s'impose à tous les niveaux, universitaire, politique et médiatique, pour finalement intégrer le langage commun. Au plan universitaire, plusieurs disciplines (en dehors de l'économie) s'approprient le terme et en enrichissent ainsi le sens. C'est le cas notammentde la géographie et des sciences politiques mais également, quoique de façon plus modeste et plus récente, de l'anthropologie et de l'histoire. Ces nouveaux travaux contribuent en particulier à complexifier l'idée de mondialisation en distinguant les notions « globalisation » et « mondialisation ». Le terme « globalisation » tend de plus en plus à désigner les caractères strictement économiques et financiers d'un processus beaucoup plus global : la « mondialisation ». Désormais donc, pour qualifier ces phénomènes, la langue française utilise deux mots là où l'anglais n'en utilise qu'un seul.

Cette complexification se transforme bientôt en confusion quand le mot, débordant la sphère étroite de la recherche, s'impose auprès du grand public. Récupéré par les journalistes et les décideurs politiques et économiques, il fonctionne alors sur le registre soit de la fascination soit de la répulsion. Selon D. Cohen, « *la mondialisation est devenue en quelques années le terme honni par lequel il faudrait, pour les uns accepter les transformations en cours, et contre qui, pour les autres, il faudrait lutter pour préserver l'ordre social si chèrement conquis* »[1]. La mondialisation devient

1. Cohen D., « La Troisième révolution industrielle au-delà de la mondialisation », note de la Fondation Saint-Simon, janvier 1997.

synonyme de « capitalisme » ou de « libéralisme ». La signification du mot est désormais brouillée, pleine d'ambiguïtés, de connotations et d'usages codés. La « mondialisation » ne serait finalement qu'un mot fourre-tout ne correspondant à aucune réalité.

Cependant, on peut penser que le succès du mot et du concept de mondialisation n'est pas un fait du hasard ou un simple effet de mode. Il traduit une rupture dans le développement et le fonctionnement des sociétés contemporaines, liée aux conséquences de leur interdépendance croissante. Rupture que les sciences sociales se proposent d'analyser et de mesurer de façon différenciée, certes, mais rigoureuse et démystifiée, au-delà des peurs et des fantasmes.

2. Trois regards sur la mondialisation

Dans le champ des sciences sociales françaises, trois disciplines proposent à l'heure actuelle une analyse développée de la mondialisation.

Chacun de ces trois points de vue partage la même idée de changement d'échelle liée à l'essor des mobilités de toutes sortes au niveau mondial. Cependant, au-delà de ce tronc commun, l'interprétation de la nature exacte du phénomène et de ses limites apparaît très différente. D'ailleurs, au sein même de chacune de ces trois disciplines, le concept de mondialisation et l'idée de rupture qu'il traduit font l'objet de vives controverses et d'importantes remises en cause.

La mondialisation selon les économistes

Si les économistes ont précisé les premiers le sens du mot « mondialisation », ils ne sont pas pour autant d'accord sur une définition commune. Plus qu'en sciences politiques ou en géographie, les divergences d'interprétation du phénomène selon les auteurs ou les grandes écoles de pensée sont marquées et constituent la source d'importants débats au sein de la discipline économique. Ceci résulte sans doute en grande partie, au-delà de l'ancienneté (relative) de la pensée économique sur la mondialisation, de la taille plus importante de la communauté scientifique des économistes.

En effet, l'étude de la mondialisation ne constitue pas en tant que tel un domaine institué de la recherche économique. Elle est le fait de plusieurs branches, plus ou moins bien reliées, comme l'économie d'entreprise, la macroéconomie internationale, l'économie internationale, ou plus récemment, l'économie politique internationale.

Cependant, quelle que soit la profondeur de leurs divergences, les économistes considèrent comme synonymes les mots « mondialisation » et « globalisation », contrairement aux autres disciplines qui cherchent justement à montrer que la mondialisation n'est pas seulement un phénomène économique et distinguent, pour ce faire, les deux termes.

En simplifiant la classification proposée par l'économiste français R. Boyer[1], on peut distinguer deux grandes catégories de définitions de la mondialisation.

Le premier groupe de définitions concerne spécifiquement l'évolution du fonctionnement des firmes multinationales et leurs conséquences au niveau de l'organisation du système des relations internationales.

Dans ce sens, la mondialisation désigne tout d'abord la convergence des marchés dans le Monde entier sous l'effet des stratégies de plus en plus globalisées des firmes multinationales, qui tendent à vendre partout et de la même manière le même produit, ne s'adaptant qu'à regret aux spécificités nationales. On retrouve ici le premier emploi précis du mot « mondialisation » proposé par T. Levitt.

Une variante élargie de cette première acceptation a ensuite été proposée par K. Ohmae pour caractériser l'intégration au niveau mondial – en fait au niveau de la triade – de l'ensemble des activités des FMN au-delà de leur activité commerciale (production, ingénierie, finance, recrutement et recherche-développement).

---

1. Boyer R., « Les Mots et les réalités », in *La mondialisation au-delà des mythes*, La Découverte & Syros, Paris, 2000, p. 15-16.

Enfin, tenant compte de la part croissante de ces FMN dans la production mondiale et du pouvoir grandissant que leur confère leur extrême mobilité, la mondialisation peut être également envisagée comme la tentative des entreprises les plus multinationalisées de réorganiser, à leur profit, l'architecture du système international précédemment définie par les Etats. La mondialisation renvoie alors à des pratiques et à une argumentation justifiant cette réorganisation compte tenu de l'impuissance des politiques économiques traditionnelles face aux stratégies des grandes firmes.

Dépassant le cadre de l'évolution des firmes, une deuxième catégorie, beaucoup plus générale, de définitions de la mondialisation cherche à traduire le passage d'une économie internationalisée à une économie mondialisée. La mondialisation est donc définie comme « *l'émergence d'une économie globalisée dans laquelle les économies nationales seraient décomposées puis réarticulées au sein d'un système de transactions et de processus opérant directement au niveau international* »[1]. Dans cette économie mondialisée, les frontières des économies nationales ne sont plus pertinentes ; l'économie mondialisée « *obéit à sa propre logique qui n'est plus celle des relations économiques entre entités nationales indépendantes. Les firmes multinationales se détacheraient de leur ancrage local, les mouvements des capitaux échapperaient aux choix nationaux, les pays perdraient la maîtrise de leur monnaie* » (J. M. Siroën)[2]. Selon cette définition, la mondialisation marque une rupture par rapport à la dynamique traditionnelle d'internationalisation, dans la mesure où elle substitue une logique d'intégration à une simple logique d'ouverture.

---

1. Boyer R., *op. cit.*, p. 16.
2. Siroën J. M., *L'Economie mondiale*, tome 2, Armand Colin, Paris, 1994.

Extrait

La nature de la mondialisation

Le modèle pur de « l'économie mondiale intégrée » peut être défini (...) comme une sorte d'antithèse de l'économie internationale, c'est-à-dire comme un ordre planétaire (aujourd'hui inexistant) où l'intégration par la monnaie, les marchés, la mobilité des facteurs, l'harmonisation des règles et par la convergence des politiques aurait accompli les progrès suffisants pour que l'ensemble de l'économie-monde puisse être considéré comme un espace économique homogène dans lequel les économies nationales n'apparaissent plus que comme des découpages statistiques sans signification économique ni sociopolitique (...).

Kébabdjian G., « Analyse économique et mondialisation », in *GEMDEV, La Mondialisation : Les mots et les choses*, Paris, Karthala, 1999, p. 55-56.

Retenant cette définition, l'OCDE propose un découpage en trois temps du processus de mondialisation :

- l'internationalisation (depuis le milieu du XIXe siècle) correspond au développement des flux d'exportation ;
- la transnationalisation (surtout depuis 1945) est liée à l'essor des flux d'investissements directs à l'étranger et des implantations à l'étranger ;
- la globalisation (depuis les années 1980) traduit la mise en place de réseaux mondiaux de production de financement et d'information.

Bref, dans cette interprétation, la mondialisation représente un processus (l'évolution vers une économie mondiale intégrée) et non un état : dans la réalité actuelle, les logiques internationales et mondiales coexistent.

Deux grands niveaux de définitions de la mondialisation sont donc couramment retenus par les économistes. D'une part, une acception restreinte mais avec des implications élargies, correspondant à l'évolution du fonctionnement des firmes multinationales ; d'autre part, une définition large, concernant l'évolution de l'ordre économique international et assumant pleinement l'idée de changement d'échelle et de rupture dans le fonctionnement (économique seulement) des sociétés.

La mondialisation selon les politistes

Si l'échelle mondiale représente un domaine d'étude traditionnel pour les sciences politiques à travers la branche des « relations internationales » (RI), la mondialisation n'en constitue pas moins un thème de réflexion récent.

L'objet des RI est « *la structuration de l'espace mondial par des réseaux d'interactions sociales* » (M.-C. Smouts). Jusqu'à récemment, du moins en France, cette structuration était envisagée exclusivement à travers les rapports pacifiques ou belliqueux entretenus par les Etats dans leur recherche de l'influence et de la puissance. Il s'agit du paradigme « réaliste » élaboré à partir des analyses fondatrices de H. Morgenthau aux Etats-Unis et de R. Aron en France, et toujours dominant aujourd'hui, bien que de plus en plus contesté.

Un second paradigme, dit « pluraliste » est en effet proposé, dès les années 1970, aux Etats-Unis par des chercheurs en RI (R. Keohane, J. Nye ou J. Burton). Ils contestent la pertinence du caractère statocentré du paradigme réaliste dans la mesure où, selon eux, la structuration de la scène mondiale est fondée sur un ensemble de relations multicentrées dans lesquelles les acteurs non-étatiques (ou transnationaux) occupent une place importante.

Le paradigme pluraliste apparaît donc beaucoup plus adapté à la compréhension d'un phénomène dont l'une des manifestations essentielles consiste précisément dans le débordement, ou le dépassement, des entités étatiques. A l'inverse, considérant les Etats comme les unités de base d'analyse de l'espace mondial, les études réalistes ne peuvent concevoir la mondialisation comme une rupture majeure et n'accordent par conséquent à celle-ci qu'une place secondaire.

C'est donc avant tout dans le cadre théorique pluraliste que les études de RI sur la mondialisation se sont multipliées depuis la fin des années 1980, sous l'impulsion d'auteurs comme J. Rosenau et S. Strange aux Etats-Unis, et de M. Merle, B. Badie ou P. Moreau Defarges en France.

Selon B. Badie, trois dimensions de la mondialisation paraissent particulièrement importantes dans la perspective d'une réflexion sur les RI :

- l'inclusion, au cours des siècles, de tous les Etats, sociétés, communautés, colonies, empires fermés sur eux-mêmes, dans une même globalité ;
- la diffusion de principes communs, de valeurs communes, de normes communes, d'habitudes et de comportements communs, donc une forme d'universalisation ;
- l'interdépendance d'acteurs nombreux et variés, étatiques et non-étatiques, au niveau mondial[1].

---

1. Badie B., « Quelle place pour l'Etat Nation ? », *Sciences Humaines*, Hors série n° 17, juin/juillet 1997, p. 17-18.

C'est à travers cette dernière dimension que la définition de la mondialisation proposée par les spécialistes de RI semble la plus précise et la plus singulière. La mondialisation peut être en effet envisagée comme la montée en puissance, face au monde de l'Etat et en contact étroit avec lui, d'un monde « *multicentré* » (J. Rosenau) constitué par l'ensemble des relations non-étatiques ou transnationales.

Les relations internationales désignent « *toute relation qui, par volonté délibérée ou par destination, se construit dans l'espace mondial au-delà du cadre étatique national et qui se réalise en échappant au moins partiellement au contrôle ou à l'action médiatrice des Etats. Comme telles, ces relations remettent en cause, volontairement ou non, la souveraineté dans les Etats et la prétention de ceux-ci à revendiquer un droit exclusif à agir sur la scène internationale* »[1]. Ces flux transnationaux sont extrêmement divers ne trouvant leur unité que dans leur fonction de contournement de l'Etat : flux démographiques, culturels (dont flux de communication), religieux, financiers ou économiques (intra-firmes ou illicites).

Les phénomènes en cours de mondialisation – autrement dit de transnationalisation dans le sens des RI – sont donc beaucoup plus nombreux et variés que dans l'analyse économique. Mais l'idée de changement d'échelle est la même : il s'agit du passage d'un système international statocentré à un nouvel ordre international – ou plus précisément mondial car à la fois international et transnational – qui pourrait prendre la forme à terme d'une « société mondiale ».

1. Badie B. et Smouts M.-C., *Le Retournement du monde*, Presses de la FNSP, Paris, 1993, p. 70.

Extrait

Les anomies de la société mondiale

Traditionnellement, la « société », pour les sociologues, faisait référence à un modèle d'organisation sociale délimitée par des frontières, parfois ethniques, le plus souvent étatiques. Le transnationalisme a bouleversé ces compartimentages. Désormais, c'est à l'échelle planétaire que se traduisent grand nombre d'évolutions et de changements structurels. Comme dans tout groupe social, les décisions et les actions s'agrègent au niveau mondial puis se combinent jusqu'à former un ensemble à l'intérieur duquel viennent s'inscrire les choix de chacun des acteurs. (...) Chaque décision s'inscrit dans un système international d'action-réaction déterminant les contraintes et les opportunités s'offrant à l'acteur. Chacune participe d'un processus où s'établissent les hiérarchies de pouvoir, la répartition des moyens, les modalités du Jeu. En bref, on peut désormais parler de « société mondiale ».

Badie B., Smouts M.-C., *Le Retournement du monde*, Paris, Presses de la FNSP & Dalloz, 1992, p. 113-114.

La mondialisation selon les géographes

Depuis le début des années 1990, en phase avec le renouvellement profond de ses problématiques de recherche, la géographie française fournit une interprétation inédite et très spécifique de la mondialisation. Cette lecture est le fait de chercheurs encore peu nombreux, comme O. Dollfus, J. Lévy, D. Retaillé, C. Grataloup ou P. Veltz, dont l'audience est cependant grandissante. D'où une théorisation de la mondialisation beaucoup plus homogène que dans le cas de l'économie ou même des RI.

La géographie se pense désormais comme une science sociale à part entière dont l'objet d'étude réside dans la dimension spatiale des sociétés. La géographie, c'est la science de l'organisation de l'espace, l'espace étant défini ici non comme un cadre, mais comme un ensemble de relations. Autrement dit, une étendue donnée, même précisément délimitée, ne devient un espace géographique qu'à partir du moment où elle est parcourue par des flux suffisamment denses et permanents dans le temps. Il s'agit là d'une précision fondamentale, notamment dans le cas de l'étude du niveau mondial : s'agit-il d'une étendue ou d'un espace ? C'est la première interrogation du géographe sur le Monde.

Dans ce nouveau cadre théorique, la géographie analyse la mondialisation comme le processus de formation d'un espace de niveau mondial, « *produit de l'ensemble des diffusions, des échanges et communications entre les différentes parties de l'humanité* »[1]. En se transformant en espace géographique, l'étendue planétaire se mondialise : c'est la « mondialisation du Monde».

Plus précisément, la mondialisation est envisagée comme une augmentation d'échelle vers le niveau mondial de réalités sociales jusqu'alors limitées à des niveaux inférieurs. En tant que changement d'échelle, elle peut donc être rapprochée de processus équivalents opérant à des niveaux inférieurs et apparaissant de ce fait beaucoup moins mystérieux et complexes : par exemple la formation de l'espace français ou de l'espace communautaire européen.

A l'échelon mondial (comme à tous les autres échelons), le moteur de l'augmentation d'échelle réside dans le rapprochement des individus, des lieux et des sociétés à ce niveau, avec l'accroissement et la généralisation des mobilités de toutes sortes

1. Badie B. et Smouts M.-C., *Le Retournement du monde*, Presses de la FNSP, Paris, 1993, p. 70.

(hommes, biens, idées, capitaux...). Cette mise en relation de réalités jusqu'alors séparées au niveau mondial découle de la capacité des hommes à créer de la proximité sur des étendues élargies grâce à la maîtrise croissante de la distance – en tant qu'obstacle au contact et à la vie sociale.

La réflexion sur la distance est bien au cœur de la démarche géographique. C'est par elle, notamment, que les géographes sont en mesure de fournir un éclairage pertinent et singulier sur la mondialisation. Ainsi, ils insistent sur le fait que le processus de rapprochement au niveau mondial ne signifie pas un affranchissement de la contrainte de la distance en général mais d'une forme particulière de distance (de type topographique ou kilométrique). Or l'effacement de cette distance permet la mise en œuvre, à l'échelle mondiale, d'autres formes de distance (de type chronométrique, économique, sociale, géopolitique, culturelle, etc.) demeurées jusque-là virtuelles à ce niveau.

Autrement dit, grâce aux progrès techniques en matière de transport de masse et surtout de communication – qui accroissent et diversifient les possibilités de contact à longue distance – le rapprochement au niveau mondial s'effectue de moins en moins exclusivement par des déplacements matériels dépendants des contraintes de la distance kilométrique et de plus en plus par des déplacements matériels et immatériels dont les emprises au sol sont plus ponctuelles et obéissent ainsi à d'autres formes de distances.

Or cette seconde forme de relations (en connexité) induit des espaces largement « réticulaires » (réseau aérien, informationnel, ethnique, associatif, réseau des firmes transnationales, des métropoles mondiales, etc.) distincts des espaces « aréolaires » produits par les relations traditionnelles de proximité (territoire étatique, supranational, communautaire, linguistique...). D'où une mesure des écarts inédite qui « déborde » les anciennes constructions et identités fondées sur la proximité physique : on peut désormais, et de plus en plus, être très éloigné topographiquement et en même temps très proches en termes de niveau et de mode de vie, de centres d'intérêt, de possibilités de contact, etc.

Extrait

Le Monde en réseaux, un Monde sans distance ?

On peut imaginer que nous allons vers une mondialisation, c'est-à-dire vers une interconnexion des réseaux les uns aux autres pour n'en former potentiellement plus qu'un. Pourtant, cette unification du réseau ne signifie aucunement une abolition des distances. (...)

Dans les réseaux organisés à l'échelle planétaire, il y a aussi des distances qui se mesurent dans des unités variables qui ne sont pas uniquement des unités de temps. Le fait que l'on puisse téléphoner à quelqu'un ne prouve pas que l'on soit à zéro unité de distance de lui. Cela reste vrai avec Internet, c'est-à-dire dans le cas où le coût financier n'est pas calé sur la distance. Même si cela ne coûte pas plus cher d'appeler quelqu'un à Los Angeles, la probabilité d'appeler à Los Angeles est plus faible que celle d'appeler près de chez soi (...).

Lévy J., Extrait d'intervention à la conférence organisée par la revue *Sciences Humaines* dans le cadre du mécénat Seita, le 2 octobre 1996, *Sciences Humaines*, Hors série n° 17, juin/juillet 1997, p. 34.

C'est donc de cette dynamique de transformation de la contrainte de la distance à l'échelle mondiale (ou de rapprochement topographique) que résulte la formation d'un espace mondial, second temps de l'analyse géographique sur la mondialisation.

Une telle construction spatiale — les géographes parlent à ce propos d'« induration » — correspond à la mise en place d'une logique d'organisation spatiale de plus en plus autonome des autres logiques d'échelles inférieures, locale, régionale ou nationale. Autrement dit, un espace de niveau mondial existe à partir du moment où « *des réalités déterminantes (financières, productives, culturelles, environnementales, etc.) se développent de manière organique à l'échelle de la planète en interaction avec les niveaux inférieurs certes, mais en ne se réduisant pas aux jeux inter-étatiques* »[1]. Ainsi, par exemple, le champ des relations diplomatiques n'est pas mondial mais international ; en revanche, l'espace d'une firme multinationale comme ABB est bien mondial (ou mondialisé) car il combine des réalités de niveaux variés, du local au planétaire.

A noter

Un exemple d'espace mondialisé : l'espace du groupe ABB

Asea Brown Boveri est un groupe suisso-suédois (depuis 1988) spécialisé dans l'électrotechnique (matériel ferroviaire, centrales électriques...). Il s'agit de l'une des très rares firmes multinationales dont l'espace d'activité soit véritablement mondial c'est-à-dire qu'il obéit à une logique d'organisation mondiale. Et ce pour trois raisons :

• ABB assure une présence planétaire avec 250 000 salariés répartis dans 140 pays ; 78 de la filiale locale (logique multinationale de marché — donc de juxtaposition d'espaces nationaux) mais également des conditions de production en intégrant ses différents sites de production afin d'obtenir une plus grande efficacité sur le plan mondial (logique de rationalisation mondiale de la production) ;

• surtout, elle n'entretient pas de liens privilégiés avec un marché particulier (au niveau des ventes ou du capital de l'entreprise) dont la logique nationale pourrait contrarier sa logique d'intégration mondiale.

---

1. Dollfus O. et al., *op. cit.*

La logique mondiale de fonctionnement d'ABB est illustrée à la fois par le caractère multiculturel des cadres et des dirigeants ; l'organisation interne de la firme par régions et par produits (« organisation matricielle ») où les filiales à l'étranger ne sont plus gérées par une Division internationale dépendante de la Direction générale implantée dans le pays d'origine de la firme (« organisation multidivisionnelle » classique) ; la recherche d'un équilibre régional des activités (suppression de dizaines de milliers d'emplois en Europe depuis 1990, tandis que les pays émergents d'Europe de l'Est ou d'Asie rassemblent déjà plus de 55 000 emplois).

Or l'affirmation d'une logique d'organisation spatiale de niveau mondial – encore très partielle aujourd'hui même si elle n'a cessé de s'accélérer au cours de la seconde moitié du XXe siècle – se traduit par l'émergence combinée de formes de différenciation et d'homogénéisation spatiales. Si l'ouverture, la mobilité, le brassage ont indéniablement des effets homogénéisateurs, ils permettent également de renouveler ou de « recontextualiser » les anciennes différences d'échelles inférieures.

Ainsi, dans leur étude de l'organisation de l'espace mondial, les géographes s'attachent tout particulièrement à montrer que la mondialisation est, certes, destructrice mais aussi productrice de lieux. Les lieux ne s'uniformisent pas, au contraire ; leur mise en relation à un niveau inédit, au-delà du cadre national, fournit à de nombreuses localisations (villes et régions surtout) un rôle nouveau et donc une identité nouvelle.

Les grandes métropoles constituent l'archétype de ces lieux à signification mondiale. L'intégration économique mondiale favorise l'essor des grandes villes en les détachant de leur territoire national et en les connectant de plus en plus entre elles, en tant que lieu d'excellence au niveau des infrastructures, de la formation, de la recherche, des possibilités de contact, de l'environnement culturel, etc. Ainsi, ces « villes globales », telles que

New York, Tokyo, Londres, Paris ou Hong Kong, s'affirment-elles de plus en plus aux dépens des Etats, comme les véritables centres de commandement et d'impulsion de l'espace mondial. Elles forment, selon O. Dollfus, un « *archipel mégapolitain mondial* » (AMM), nouveau réseau urbain, de dimension mondiale (cf. Partie IV, chap. 3).

D'autres types de lieux mondiaux existent également, comme les sites productifs insérés dans le marché mondial (type « Troisième Italie », région du Guandong ou même zone euro) ou les grands sites touristiques naturels ou culturels, perçus désormais comme les éléments d'un patrimoine mondial. De plus en plus de lieux existent donc de par leur fonction au sein de l'espace mondial.

Au total, pour le géographe, le concept de mondialisation désigne deux dynamiques complémentaires opérant au niveau mondial : d'un côté une dynamique de rapprochement, et de l'autre une dynamique d'organisation spatiale. Il s'agit bien là, comme pour les sciences économiques et politiques, d'un processus de changement d'échelle avec l'affirmation d'une nouvelle dimension aux activités humaines.

On distingue bien trois regards sur la mondialisation, insistant chacun sur la rupture que son approfondissement signifie pour le fonctionnement actuel et le développement futur des sociétés humaines.

3. Glossaire de ce que n'est pas la mondialisation

Au terme de cette première partie introductive, après avoir cherché à définir positivement la mondialisation, il peut sembler judicieux de tenter de cerner les limites du phénomène par la définition, « en creux », de ce qu'il n'est pas – ou pas seulement. La mondialisation est une dynamique spécifique qu'il convient de ne pas assimiler ou réduire à d'autres processus de nature différente ou de caractère plus particulier.

La délocalisation

C'est le fait, pour une entreprise, d'aller fabriquer à l'étranger tout ou partie de sa gamme de produits, en fonction de critères variés dont la recherche d'un avantage de coûts n'est pas le plus fréquent. La création d'une filiale à l'étranger constitue le cas de délocalisation le plus courant. Mais il en existe d'autres comme la délivrance de licence ou la sous-traitance (voir « multinationalisation »).

Les délocalisations constituent un facteur d'intégration économique mondiale par l'intermédiaire, d'une part, de la décomposition transnationale des processus productifs qu'elles induisent et, d'autre part, des transferts de technologies qu'elles supposent.

La diffusion planétaire

C'est l'accession à la dimension mondiale ou planétaire d'une réalité (sociale ou non) particulière : la présence humaine, l'agriculture, l'anglais, le football, etc. Une réalité ne devient véritablement « mondialisée » qu'à partir du moment où elle se développe de manière organique à l'échelle planétaire.

La « glocalisation »

Néologisme forgé par des managers japonais, dont A. Morita, ex-Pdg de Sony, pour désigner un mode de gestion à la fois global et local de l'entreprise-réseau dans le cadre de l'économie globalisée. Elle constitue l'une des manifestations spatiales de la mondialisation de l'économie.

L'internationalisation

C'est l'ouverture des entreprises nationales sur l'extérieur par le développement de leurs exportations de biens et services. Mouvement lancé dès le milieu du XIXe siècle par les firmes britanniques. Première étape du processus de mondialisation économique.

La libéralisation et la déréglementation

Au plan commercial, il s'agit de la réduction des obstacles (tarifaires et non tarifaires) aux échanges de biens et de services. Ces notions s'appliquent également aux échanges de capitaux depuis les années 1980.

Plus globalement, au plan macroéconomique, il s'agit du désengagement des pouvoirs publics des activités économiques dans la mesure où les règles et les règlements sont considérés comme nuisibles au bon fonctionnement de l'économie. Ce mouvement a été impulsé à la fin des années 1970 aux Etats-Unis et en Grande-Bretagne.

De ces points de vue, la libéralisation constitue un accélérateur, certes puissant, de la mondialisation de l'économie, mais pas une condition nécessaire.

La marchandisation

C'est l'élargissement de la gamme des activités humaines susceptibles de faire l'objet d'un échange commercial. Initialement limitée, dans le cadre des échanges internationaux, aux matières premières et aux produits manufacturés, celle-ci tend à s'étendre depuis le début des années 1990, aux services (marchands et non marchands) et à la culture (en tant qu'« industrie de divertissement »).

La multinationalisation (ou transnationalisation)

Ces termes désignent le développement de l'activité des firmes en dehors de leur territoire national par la création ou l'achat de filiales de production à l'étranger. Ce déploiement se traduit par la progression des investissements directs étrangers (voir « délocalisation »). Il s'agit de la seconde étape, après l'internationalisation, dans le processus d'intégration de l'économie mondiale.

La régionalisation (ou continentalisation)

C'est la constitution de zones d'échanges privilégiés et d'intégration économique de dimension continentale comme l'UE, l'Alena, le Mercosur, l'AFTA, etc. La régionalisation est considérée comme une phase d'adaptation des économies nationales aux conséquences de l'ouverture et de l'intégration économiques ; donc une phase intermédiaire dans le mouvement d'intégration mondiale.

La « triadisation »

C'est la structuration de l'économie mondiale autour de la triade, constituée des trois pôles majeurs de développement que sont les Etats-Unis, l'Union européenne et le Japon. Ce phénomène renvoie à la dimension spatiale du mouvement d'intégration de l'économie mondiale.

L'universalisation

Désigne la généralisation à l'ensemble de l'humanité de valeurs, de principes, de normes, de pratiques ou de comportements communs. L'universalisation représente la dimension politique et culturelle de la mondialisation.

Partie II

La dynamique de la mondialisation

Si le terme « mondialisation » est relativement récent, le processus qu'il désigne, lui, est beaucoup plus ancien.

En tant que phénomène croissant de mise en relation et de rapprochement des sociétés à l'échelle de la planète, la mondialisation relève des temps longs de l'histoire humaine. Son origine peut être fixée à partir du moment où ont pu s'établir des relations stables et conséquentes à l'échelle du Monde, donc entre les différents continents. Or si des échanges réguliers à longue distance (entre les mondes chinois, indien, perse et méditerranéen) sont attestés dès l'époque romaine, ceux-ci demeurent très limités et circonscrits à l'Ancien Monde.

Ce n'est donc qu'à partir de la fin du XVe siècle et du lancement des Grandes Découvertes que s'ébauche véritablement la « *première esquisse d'un monde* » (Chaunu) avec la mise en contact de l'Ancien Monde et du continent américain par l'intermédiaire de l'Europe.

Dynamique historique de longue durée, la mondialisation n'en présente pas moins un caractère discontinu, alternant phases d'accélération et phases de stagnation. Trois grandes périodes peuvent, de ce point de vue, être distinguées, chacune correspondant à une phase d'intensification et d'extension du processus. Trois moments dont l'identification permet de saisir le sens historique des manifestations actuelles de la mondialisation.

1. Les prémices de la mondialisation : 1492-1840

La dynamique de la mondialisation du Monde s'esquisse avec l'entreprise européenne de « *désenclavement planétaire maritime* » (Chaunu), à cheval sur le XVe siècle et le XVIe siècle. Cette phase initiale correspond à la constitution des empires espagnol et portugais sur le continent américain et, par là même, à une première forme d'européanisation du Monde (cf. carte page suivante).

Un Monde cloisonné

Jusqu'au XVIe siècle, l'humanité, le Monde dans ses sociétés, ne constitue qu'un agrégat de chefferies, d'empires et de royaumes plus ou moins stables et isolés les uns des autres.

Des relations à longue distance peuvent s'établir entre ces mondes, mais jamais à l'échelle mondiale : ainsi en est-il des routes de la soie, des voies maritimes de l'océan Indien et du Pacifique occidental ainsi que des pistes caravanières transsahariennes. A l'échelle d'un continent, les épidémies se propagent (comme la peste noire du XIVe siècle) ; des migrations de peuples « barbares » venus d'Asie centrale déferlent sur l'Europe à la fin de l'époque romaine ; le christianisme, doctrine religieuse à prétention universelle, se diffuse jusqu'en Chine, tandis que l'alphabet phénicien peut s'étendre de la Grèce aux confins insulindiens de l'Océanie en passant par l'Inde.

L'européanisation du Monde

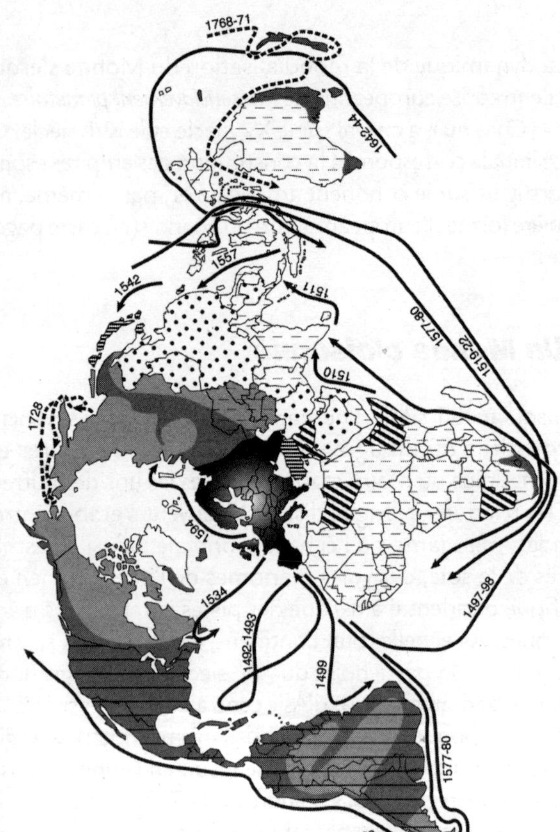

Sources : d'après Chaliand, Rageau, 1993, et Duby, 1997.

Olivier Vilaça / 2001

La diffusion du peuplement européen

- Noyau européen
- Peuplement dense
- Peuplement faible

Les grands voyages de découvertes

- → Découvertes du XVe au XVIIe s.
- ---→ Découvertes du XVIIIe au XIXe s.

La colonisation européenne

- Colonisation du XVe au XVIIe s.
- Colonisation du XVIIIe au XIXe s.
- Colonisation durant le XXe s.

L'influence européenne non coloniale

- Influence européenne
- Imitations du modèle européen

Cependant, ces échanges d'hommes, de biens ou d'idées restent bien trop faibles et exceptionnels pour rendre ces mondes véritablement interdépendants en les intégrant dans un rythme commun[1].

De plus, deux autres conditions essentielles manquent encore au XVe siècle pour que le processus de mondialisation puisse s'engager : d'une part la mise en contact de tous les continents peuplés — la civilisation amérindienne est alors un univers totalement clos et isolé, une autre planète — et d'autre part la prise de conscience de la rotondité et donc de la finitude de la Terre. Ces conditions seront remplies avec les Grandes Découvertes.

Le désenclavement du Monde

Le désenclavement planétaire et maritime du Monde, première forme de la mondialisation, est fondé sur l'expansion européenne. Les raisons de l'ouverture de l'Europe sur le Monde sont complexes, d'ordre à la fois démographique, économique, culturel et technique.

La « soif de l'or » représente certainement le premier et principal mobile de cette expansion. Depuis le XIVe siècle, l'Europe souffre en effet d'une pénurie chronique de métaux précieux, d'autant que la reprise de la croissance démographique et des échanges commerciaux à partir de la fin du siècle ne fait qu'accentuer le déséquilibre entre les besoins et les ressources traditionnelles d'Europe centrale et du golfe de Guinée. De plus, à

1. Selon P. Chaunu, entre 1/100 000e et 1/1 000 000e des productions de l'Ancien Monde en 1500 serait échangé à très longue distance entre l'Afrique et l'Occident, et l'Occident et l'Orient.

partir du milieu du siècle suivant, s'ajoute à cette recherche de l'or et de l'argent celle des épices (d'Asie).

C'est donc dans ce contexte général de pénurie que se précisent les projets européens (et plus particulièrement portugais) d'accès direct à ces richesses d'Afrique et d'Asie. Il s'agit de pallier les inconvénients d'une position marginale dans les réseaux d'échanges existants en court-circuitant les intermédiaires obligés d'alors : Arabes, Turcs, Génois ou Vénitiens.

A cette motivation économique fondamentale s'associe un mobile religieux se traduisant par la conversion de fidèles au-delà des terres chrétiennes d'Europe. Ainsi, l'Eglise catholique participe-t-elle pleinement à cette entreprise de conquête du Monde à travers l'envoi de missionnaires pour justifier son universalité et le partage des terres nouvellement découvertes entre les deux puissances ibériques (traité de Tordesillas en 1494).

Cependant, quelle que soit la force des motivations, cette entreprise de conquête et de conversion n'a été réalisable que par la mise en œuvre de connaissances et d'outils acquis souvent depuis longtemps et perfectionnés au gré des besoins et de l'expérience : ainsi, l'utilisation du gouvernail d'étambot[1] et de la boussole et la mise au point (au cours du XVe siècle) de la caravelle, navire de petit tonnage mais doté d'un bordage élevé.

A la même époque, si la Chine, empire du Milieu, dispose de techniques de navigation en haute mer comme de techniques commerciales, elle n'éprouve pas le besoin, à la différence de l'Europe, de s'ouvrir sur le Monde et ce en dépit des expéditions maritimes de l'amiral Zheng He jusqu'aux côtes d'Afrique orien-

---

1. Principe du levier appliqué au gouvernail ; utilisé depuis le XIIIe siècle sur les rivages de la mer du Nord et de la Baltique.

tale au début du XVe siècle. C'est donc l'Europe qui est partie à la conquête des autres continents et non l'inverse ; c'est depuis l'Europe, en fonction de ses besoins et de sa conception du monde, que va s'esquisser la première ébauche d'un Monde.

Une économie-Monde européocentrée

En quelques siècles (du XVIe au XIXe siècle), l'Europe occidentale va construire le Monde autour d'elle, à partir d'un réseau d'échanges essentiellement maritime et non plus continental (routes de la soie et caravanes transsahariennes).

Dans les dernières années du XVe siècle, à la suite des premières expéditions du prince portugais Henri le Navigateur (1394-1460) le long des côtes occidentales de l'Afrique, et avant le premier tour du Monde, accompli par Magellan (1480-1521) en 1519-1522, deux routes inédites sont ouvertes par les Européens :

- celle de l'Ouest, en 1492, grâce à Christophe Colomb (1451-1506) qui pense alors avoir atteint l'Asie et non un nouveau continent ;
- celle du Sud, en 1498, grâce au Portugais Vasco de Gama (1469-1524), premier Européen à rejoindre les Indes par la mer après avoir contourné l'Afrique (par le Cap de Bonne-Espérance).

Ainsi, « *en ne partant plus (seulement) vers l'Est, mais également vers le Sud et surtout vers l'Ouest, les navigateurs d'Europe relient progressivement tous les segments de routes préexistants* »[1] et intègrent, d'abord involontairement, les isolats américains puis océaniens. Segments et isolats qui, une fois reliés, vont devenir les éléments

---

1. Dollfus O. et al., « Trois ou quatre choses que la mondialisation dit à la géographie », in *L'Espace géographique*, 1999, n° 1, p. 1-11.

régionaux d'un espace d'échanges désormais planétaire mais européocentré.

Cette « *économie-Monde* » européenne, pour reprendre la terminologie de F. Braudel, est la première à s'étendre aux dimensions de la planète ; tout en laissant à l'écart, et pour plusieurs siècles encore, de grands lambeaux de territoire et de population. Or la spécificité de l'économie-Monde européenne réside dans son caractère capitaliste, autrement dit, selon I. Wallerstein, son orientation structurelle vers l'accumulation illimitée du capital. D'où sa propension à s'étendre à l'ensemble de l'espace mondial en tirant parti de l'hétérogénéité de cet espace et sa vocation à transformer toute chose en marchandise.

Tout au long du XVIe siècle, les Européens prennent donc pied en Amérique, en Afrique, en Inde, en Insulinde, en Chine et au Japon par l'ouverture de comptoirs commerciaux, la fondation de missions ou l'exploitation coloniale des richesses. Aux siècles suivants (de 1570 à1880), le commerce triangulaire d'esclaves témoigne de l'utilisation des avantages comparatifs tirés des périphéries africaine et américaine au profit des centres européens.

Mais l'expansion européenne n'est pas seulement économique, elle est aussi culturelle. En présidant aux entreprises d'unification du globe par le biais de la constitution d'empires coloniaux, l'Europe construit le Monde autour d'elle en nommant ou renommant ses lieux. Ainsi, c'est un cartographe européen qui, en 1507 à Saint-Dié, se fondant sur les récits d'exploration d'Amerigo Vespucci, donne le nom qui va bientôt s'imposer pour le Nouveau Monde : Amérique. De même, c'est au temps des Grandes Découvertes que l'on isole les océans Indien et Pacifique – la première traversée de ce dernier, par Magellan, ayant été effectuée sans tempête...

Tout au long du XVIe siècle donc, l'Europe procède au découpage et à l'exploitation du Monde, élaborant ainsi, pour l'ensemble des sociétés humaines, un niveau supplémentaire d'échange et de communication. Toutefois, après cette première phase de désenclavement et de rapprochement accélérés, le processus de mondialisation semble marquer le pas pendant plus de deux siècles, du début du XVIIe au milieu du XIXe. C'est le déclenchement de la Révolution industrielle dans le cadre de marchés nationaux européens désormais unifiés qui, en démultipliant les moyens et les besoins des centres d'accumulation, fournira les conditions de la reprise du mouvement, mais dans des proportions inédites.

2. L'amorce de la mondialisation : 1840-1945

La deuxième phase d'accélération de la mondialisation s'engage au milieu du XIXe siècle. Elle correspond à l'intensification du système d'échanges de l'économie-Monde européenne, dans le cadre de la colonisation moderne, et à son extension à l'ensemble des terres émergées, aucune population n'étant plus désormais soustraite à ses impulsions.

Révolution industrielle et mondialisation

L'essoufflement relatif du mouvement d'ouverture au cours des XVIIe et XVIIIe siècles résulte très largement de la priorité accordée alors à la construction des Etats-nations (en Angleterre et en France tout d'abord) par la centralisation du pouvoir et l'unification des marchés locaux.

En transférant les pôles d'accumulation des cités-Etats (type Venise, Anvers, Gênes puis Amsterdam) à la capitale d'un Etat-nation (Londres en l'occurrence), cette intégration nationale apporte à l'industrie, en plein essor, la profondeur d'un marché intérieur et par là les conditions nécessaires à l'éclosion de la révolution industrielle. Celle-ci est amorcée en Angleterre dès la fin du XVIIIe siècle, puis se diffuse à travers l'Europe du Nord-Ouest, gagne les Etats-Unis et atteint la Russie et le Japon à la fin du XIXe siècle.

Les conséquences de cette révolution concernant la mondialisation sont décisives à maints égards.

Tout d'abord, en permettant une exploitation à plus grande échelle de la nature, la révolution industrielle s'accompagne d'un fort accroissement démographique : entre 1750 et 1900 le nombre des Européens quadruple. De ce fait, l'Europe, à partir du milieu du XIXe siècle, déverse son trop-plein de population vers les nouvelles terres, plus ou moins libres : les Etats-Unis en premier lieu mais aussi l'Australie, l'Afrique australe, l'Amérique du Sud, l'Algérie, etc. Au total, ce sont près de 50 millions d'Européens qui quittent le continent entre 1850 et 1914. Une telle poussée démographique participe directement à l'européanisation du Monde en établissant des liens étroits entre l'Europe et le reste de la planète, liens d'ailleurs susceptibles d'être utilisés ultérieurement par les grandes puissances dans leur quête de matières premières et de débouchés industriels.

La deuxième conséquence de la révolution industrielle réside dans la modernisation des moyens de transport et de communication. Applications de la machine à vapeur (inventée par Watt entre 1760 et 1785), le chemin de fer et le bateau à vapeur sont mis au point dès les années 1810-1820 avant de se généraliser dans la seconde moitié du siècle. A partir de 1880, une nouvelle vague de progrès fondée sur l'usage de l'électricité et du pétrole voit l'invention du moteur à explosion et l'essor consécutif de l'automobile et de l'avion au début du XXe siècle. En matière de télécommunication, le XIXe siècle est marqué par les inventions successives du télégraphe (par Chappe dès 1794), du téléphone (par Bell en 1876) et de la radiocommunication (par Marconi en 1896) et la mise en place de réseaux transocéaniques (cf. tableau 1). Au fur et à mesure de leur perfectionnement, ces nouveaux moyens de transport et de communication assurent une diminution régulière des délais et des coûts de déplacement, favorisant ainsi le déploiement des hommes (colons ou migrants) et des produits de l'Europe dans le Monde.

Tableau 1 : Dates clés de la mise en place des réseaux mondiaux de transport et de communication

1837	Invention du télégraphe électrique et déploiement des premiers réseaux télégraphiques.
1840	Premiers services réguliers de paquebots transatlantiques.
1866	Premières lignes transocéaniques télégraphiques.
1869	Achèvement du premier transcontinental aux Etats-Unis.
1870	Première ligne sous-marine entre la Grande-Bretagne et l'Inde.
1870-1902	Construction par les Britanniques du premier réseau télégraphique mondial, bouclé par la liaison Australie - Canada.
1930	Première ligne téléphonique entre New York et San Francisco.
1946	Première liaison aérienne régulière, entre Paris et New York.
1956	Première câble transatlantique téléphonique.
1960	Lancement du premier satellite civil de télécommunication, *Echo 1.*
1970-1990	Numérisation progressive des réseaux.
1986	Ouverture du réseau internet aux particuliers.
1988	Premier câble transatlantique en fibre optique.

D'après S. Goussot, 1998.

Enfin, la révolution industrielle a des implications politiques et militaires, dans la mesure où elle démultiplie l'écart de puissance entre l'Europe et le reste du Monde et lui donne pour la première fois les moyens d'imposer sa volonté et ses intérêts à l'Asie.

Toutes ces mutations structurelles se combinent donc, à partir du milieu du XIXe siècle, pour favoriser la relance de la colonisation européenne et du même coup, comme au XVIe siècle, amplifier et accélérer le processus de rapprochement des sociétés au niveau mondial.

Colonisation européenne et mondialisation

Par ses motivations comme par ses effets, la colonisation européenne moderne constitue un puissant moteur de mondialisation tout au long de la seconde moitié du XIXe siècle et jusqu'au lendemain de la Deuxième Guerre mondiale.

Les motifs de la mainmise européenne sur le Monde

Comme au temps des Grandes Découvertes, les motivations au cœur de l'expansion coloniale de l'Europe sont multiples et complexes. Si, comme le rappelle P. Milza, les mobiles économiques jouent un rôle considérable, les questions de prestige national et d'intérêt stratégique ou encore l'action personnelle et spontanée de certains hommes interviennent également de manière prioritaire, du moins jusque dans les années 1890.

Ainsi, l'entreprise coloniale est soutenue par de puissants courants d'opinion qui y voient l'occasion de l'affirmation de la force et du génie d'un peuple, la justification de son orgueil national ou encore l'expression de la mission civilisatrice (et évangélisatrice) de l'homme blanc à l'égard des populations indigènes, considérées comme inférieures.

Des préoccupations militaires et stratégiques participent également à l'expansion coloniale dans la mesure où les grandes puissances cherchent à s'assurer de la sécurité des communications maritimes par l'entretien de bases militaires (comme Gibraltar, les Bermudes, Sainte-Hélène, Singapour et Hong Kong pour la Grande-Bretagne).

Les motifs économiques sont cependant décisifs pour comprendre l'ampleur prise par cette seconde vague de colonisation. En effet, si le progrès technique dans le cadre de la révolution industrielle éloigne le risque de la pénurie en multipliant les rendements, il accroît de manière considérable les besoins de l'appareil productif européen en matières premières mais aussi et surtout en débouchés.

Ainsi, l'accroissement spectaculaire de la production industrielle à partir du milieu du XIXe siècle, supérieur à la croissance des capacités d'absorption du marché intérieur, suscite un besoin d'expansion commerciale. D'autant plus que la Grande Dépression (de 1873 à 1895) s'accompagne de la fermeture relative des marchés européens (à l'exception de ceux de la Grande-Bretagne, du Danemark et des Pays-Bas), poussant ainsi les producteurs industriels à chercher hors d'Europe de nouveaux débouchés.

Par ailleurs, l'investissement dans les colonies européennes de peuplement, pays neufs disposant encore de peu d'équipements ferroviaires et industriels, représente des placements rémunérateurs (mais risqués) et donc autant de possibilités d'expansion financière pour des grandes puissances industrielles disposant de masses de capitaux qui ne trouvent pas toujours à s'investir sur place dans des entreprises rentables.

Ces intérêts économiques et financiers au cœur de l'aventure coloniale expliquent l'adoption rapide de pratiques libre-échangistes par les pays européens à partir du milieu du XIXe siècle. Puissance dominante, la Grande-Bretagne initie le mouvement avec l'abolition des *Corn Laws*[1] en 1846 et la signature d'un traité de libre-échange avec la France en 1860. Et en dépit d'un retour à un certain protectionnisme entre 1880 et 1900, dans le contexte de la Grande Dépression, la période 1850-1914 apparaît très largement favorable au libre-échangisme en matière de commerce et d'investissement internationaux. D'ailleurs, en dehors du centre, de nombreux pays de la périphérie sont contraints d'adopter eux aussi un régime commercial libéral et de s'ouvrir ainsi aux produits manufacturés européens et bientôt américains : tel est le cas pour l'Inde dès 1820, la Chine en 1842, le Japon en 1854 ou la Corée en 1876. Ailleurs, l'Amérique latine, l'Afrique noire et le monde musulman apparaissent dans une situation de dépendance économique plus ou moins totale à l'égard de l'Europe.

---

1. Taxes sur les importations de blé en provenance du continent destinées à protéger l'agriculture britannique de la concurrence depuis la fin des guerres napoléoniennes.

Les effets mondialisateurs de la colonisation

Quels que soient ses motifs, la colonisation européenne représente un vecteur fondamental de la mondialisation en favorisant les métissages et les complémentarités à l'échelle mondiale.

Les phénomènes d'hybridation ou de métissage, suscités par le contact prolongé des colons européens avec des sociétés non-occidentales, sont nombreux. Ainsi, au niveau culturel, la colonisation se traduit par la diffusion de valeurs et de pratiques européennes. Presque toute l'Afrique noire, par exemple, adopte les langues des colonisateurs (du moins à l'école et dans les administrations) tandis que la plupart des non-musulmans se convertissent à l'une ou l'autre des variantes du christianisme. La diffusion est analogue en Amérique latine ; elle est beaucoup plus discontinue en Asie du sud et surtout en Asie orientale. Partout cependant, les valeurs apportées et prônées par les colonisateurs (démocratie, droit des peuples à disposer d'eux-mêmes, parlementarisme, Etat-nation) seront récupérées par les élites des populations dominées. Ainsi, les principaux chefs historiques des mouvements d'indépendance figurent-ils au rang des plus grands succès de la colonisation en matière de synthèse culturelle : Gandhi, Nehru, Ho Chi Minh, Sœkarno, Senghor...

De ce point de vue, Gandhi apparaît comme l'exemple le plus réussi de cette capacité d'accommodation. Profondément anglicisé, imprégné de valeurs occidentales quant à la théorie de la non-violence et à l'émancipation des classes laborieuses, il est en même temps perçu par la population indienne comme la figure traditionnelle du brahmane renonçant, désirant affranchir les Intouchables au nom d'une conception épurée de la tradition hindoue (J.-L. Margolin).

Sur un plan plus strictement socio-économique, la colonisation s'accompagne également de la diffusion du mode de production capitaliste avec l'apparition d'entreprises à but lucratif et le développement du rapport salarial. Si cette propagation est le plus souvent imposée de l'extérieur, par les métropoles, elle peut également être le fait d'une prise en charge interne de la dynamique de croissance capitaliste, forme d'appropriation ou de « *réinvention locale du capitalisme* » (J. F. Bayart) dont le Japon de l'ère Meiji (1867-1912) offre l'exemple le plus pur.

Dans le même temps, la colonisation a aussi des effets rétroactifs sur les métropoles européennes. Ainsi, elle permet aux Occidentaux de se situer, de redéfinir leur identité, souvent sur un mode raciste mais aussi dans un sens plus relativiste, à travers, par exemple, les progrès de l'ethnologie, la découverte par certains artistes (Gauguin, Picasso, Debussy...) de cultures indigènes ou encore la pénétration progressive de pratiques issues des colonies.

Au-delà des phénomènes de métissage, la colonisation favorise l'intégration mondiale des sociétés par les formes de complémentarité (plus ou moins hiérarchiques) qu'elle produit.

Ainsi, comme nous l 'avons vu précédemment, la conquête coloniale est largement motivée, depuis le XVIe siècle, par la recherche de biens rares (épices, coton, thé, café, sucre, caoutchouc, pétrole...) dans l'espace européen, du fait de sa situation en milieu tempéré. D'où la colonisation privilégiée des espaces tropicaux selon une logique de complémentarité zonale : la culture cotonnière en Afrique, le thé en Inde, l'hévéa au Brésil et en Asie du Sud-Est, les îles à sucre des Caraïbes ou de l'Océan Indien... Dès lors, spécialisés dans une production dépendante de la demande européenne, ces espaces se trouvent intégrés à l'économie-Monde occidentale en position de périphérie dominée.

A l'inverse, mais selon la même logique, c'est sans doute (en partie) du fait de leur moindre complémentarité économique avec les métropoles, que les colonies de peuplement européennes en milieu tempéré (Etats-Unis et dominions britanniques, Canada, Afrique du Sud, Australie et Nouvelle-Zélande) – ainsi que le Japon d'ailleurs — ont connu une autonomisation économique et une émancipation politique plus rapides que le monde tropical.

A ces quelques exceptions près, non négligeables certes, l'interdépendance à l'échelle mondiale engendrée par la colonisation s'effectue sur un mode très hiérarchisé et inégalitaire.

Guerres mondiales et mondialisation

Jusqu'à la Première Guerre mondiale, sous l'impulsion de l'expansion européenne, la mondialisation progresse donc à vive allure tant pour les échanges de marchandises et les mouvements de capitaux que pour les déplacements de personnes. Notons qu'il s'agit là, au niveau économique du moins, d'une ouverture très largement encadrée par les régimes coloniaux, obéissant par conséquent à une logique strictement nationale et non pas encore transnationale ou même mondiale comme à l'époque actuelle.

Quoi qu'il en soit, la rupture de rythme opérée par le premier conflit mondial est brutale. De 1914 à 1945, on observe une nouvelle parenthèse dans la dynamique de mondialisation, voire un recul durant la période de l'entre-deux-guerres.

La Première Guerre mondiale amorce en effet un cloisonnement du Monde au niveau des empires européens et des zones d'influence américaine, japonaise et russe. Les flux mondiaux d'hommes, de biens et ,dans une moindre mesure, de capitaux (en rapport avec la montée en puissance des FMN américaines) se rétractent brusquement et se maintiennent à un niveau réduit tout au long de la période, en dépit d'une légère reprise de l'ouverture entre 1927 et 1929.

Ainsi, par exemple, la croissance des échanges commerciaux internationaux s'effondre durant l'entre-deux-guerres, le point le plus bas étant atteint en 1933, en rapport avec le renouveau du protectionnisme (augmentation des droits de douane et des contingentements) et le recul de la production industrielle dans le contexte de la crise des années 1930.

De même, au niveau migratoire, l'entre-deux-guerres voit l'instauration (en 1921 et 1924) de la politique des quotas aux Etats-Unis qui, en plafonnant le nombre annuel d'immigrants européens, met un frein brutal à la croissance des flux mondiaux de personnes.

Par ailleurs, pour la première fois, en 1917, à la suite de la révolution bolchevik, un Etat, le plus grand du Monde, décide de s'extraire de l'économie-Monde occidentale. Critiquant, au nom de l'idéal communiste, le caractère capitaliste et impérialiste de celle-ci, la Russie bolchevik va proposer un modèle alternatif de développement endogène, entraînant bientôt derrière elle de nombreux autres pays en dehors du système mondial d'échanges, du moins au plan économique.

Si l'ouverture et le rapprochement des sociétés semblent marquer le pas entre les deux conflits mondiaux, des dynamiques intégratrices sont néanmoins à l'œuvre en profondeur durant cette période ; dynamiques dont la cristallisation permettra, au lendemain de la Seconde Guerre mondiale, l'entrée dans une nouvelle phase d'accélération de la mondialisation.

Une première dynamique correspond aux avancées spectaculaires en matière de transport et de communication entre 1914 et 1945 et à l'occasion des deux conflits mondiaux en particulier. L'aviation, la radiocommunication ou la télévision prennent alors leur essor avant de se généraliser dans les années 1950 et de démultiplier ainsi les possibilités de contact à longue distance.

Dans le même temps, l'affaiblissement et le discrédit croissants des puissances européennes, minées par leurs rivalités impérialistes, favorisent l'émancipation des populations dominées au nom de principes et de valeurs apportés par les colonisateurs et retournés contre eux après leur appropriation par les élites locales.

Enfin, la première moitié du XXe siècle consacre, à travers les deux guerres mondiales, « *l'avènement d'une scène géopolitique mondiale unifiée* » (P. Moreau Defarges), à la fois par l'ampleur des ressources (humaines et matérielles) mobilisées, la planétarisation des zones de conflit et l'ambition finale d'un mécanisme universel de sécurité collective en faveur de la paix (la Société des nations en 1919 et l'Organisation des Nations unies en 1945). Jamais sans doute avant la Seconde Guerre mondiale, le sentiment commun de coexistence et de proximité dans un Monde unique et fini n'est apparu aussi fort. L'antagonisme Est-Ouest durant la deuxième moitié du siècle ne fera que renforcer ce sentiment.

3. L'approfondissement de la mondialisation : de 1945 à nos jours

Au lendemain de la Seconde Guerre mondiale, le processus de mondialisation repart à nouveau. Modéré dans un premier temps, le rythme va s'accélérer brusquement à partir des années 1980 pour aboutir, au début du XXIe siècle, à un un niveau d'intégration et d'interdépendance mondiales jamais atteint jusque-là.

Depuis les années 1990, le Monde semble devoir ainsi constituer un espace géographique à part entière, doté de sa propre logique d'organisation et « pesant » de plus en plus sur les espaces de niveaux inférieurs.

Les moteurs de cette troisième phase d'accélération de la mondialisation apparaissent très différents de ceux des périodes précédentes. En effet, l'expansion européenne ne joue plus un rôle décisif, bien au contraire. En fait, trois évolutions conjointes et inédites concourent à cet approfondissement de la mondialisation : la croissance de la demande mondiale, la réduction des obstacles aux échanges et la constitution d'une communauté internationale homogène.

L'accroissement de la demande mondiale

Jamais auparavant la demande n'a connu une croissance aussi rapide ; elle est le fait à la fois de l'augmentation spectaculaire de la population mondiale et de l'amélioration généralisée des niveaux de vie dans le monde.

L'accroissement démographique tout d'abord est particulièrement rapide depuis les années 1950 : entre 1950 et 2000, la population mondiale a plus que doublé, passant de 2,5 milliards d'individus à 6 milliards – soit en un demi-siècle, une hausse trois fois supérieure à celle du siècle et demi précédent. Il s'agit là de l'une des évolutions majeures du XXe siècle.

Cette croissance est essentiellement le fait des pays en développement (PED : en 1950 ceux-ci représentaient 67 % de la population mondiale contre plus de 80 % aujourd'hui). Or, dans une grande partie de ces pays, la croissance démographique a rapidement dépassé celle de la production (notamment de biens alimentaires). Aussi, sont-ils amenés à faire de plus en plus appel aux marchés mondiaux pour satisfaire leurs besoins.

Ce recours aux marchés internationaux est d'autant plus massif que le pouvoir d'achat des populations (dans les pays industrialisés en particulier) augmente largement lui aussi à partir des années 1950 (en rapport avec la généralisation du modèle de croissance « fordiste » associant production de masse et rémunération du travail élevée). D'où, l'envolée de la demande de produits et de services de plus en plus sophistiqués.

Ainsi, l' « explosion démographique » et l'amélioration des niveaux de vie – combinées au progrès technique – expliquent que les ressources et les capacités de production de la planète se trouvent mobilisées depuis les années 1950 dans des proportions jusque-là inconnues. Or, compte tenu de la distribution différenciée des hommes, des capitaux, des savoir-faire et des ressources nationales à la surface de la planète, cette mobilisation s'accompagne de la multiplication et de l'intensification des flux d'échanges.

La réduction des obstacles aux échanges

La croissance des échanges dans la seconde moitié du XXe siècle est d'autant plus rapide que cette période est marquée par une réduction considérable des distances sous les effets conjugués de la modernisation des techniques de transport et de communication et de la reprise du mouvement de libéralisation des échanges interrompu depuis la Première Guerre mondiale.

La diminution de la distance physique

L'abaissement des coûts de transport (des personnes et des marchandises) et de transmission de l'information est en effet spectaculaire depuis les années 1950.

En matière de transport tout d'abord, des navires toujours plus nombreux, plus grands et plus rapides, associés à la modernisation des infrastructures portuaires et à la sophistication des méthodes (conteneurisation, système du *roll on-roll off*, spécialisation des navires...) permet de diminuer des 2/3 le coût de transport maritime entre1920 et 1960, et de 10 % encore depuis, rendant négligeable le coût du transport dans le prix final du produit. D'où la croissance des quantités transportées par voie maritime : de 500 millions de tonnes en 1950 à plus de 4 500 millions de tonnes aujourd'hui. Désormais, le transport maritime prend en charge les 2/3 du commerce mondial en valeur et les 3/4 en volume.

Quant au transport aérien, il faut attendre la fin des années 1970 pour assister à l'explosion du trafic (de fret comme de passagers) en rapport avec la baisse des tarifs. Ainsi le trafic de passagers (en milliards de voyageurs-kilomètres) passe de 500 au début des années 1970 à 900 en 1980 et plus de 2 500 à la fin des années 1990, tandis que le trafic de marchandises (en milliards de tonnes-kilomètres) passe aux mêmes dates de 15 à 25 et à plus de 90.

Mais ce sont les avancées en matière de télécommunication qui apparaissent les plus décisives en autorisant une diffusion quasi instantanée de l'information sur tous les continents et à un coût de plus en plus réduit.

Au niveau des réseaux tout d'abord, le développement des transmissions par satellites artificiels, à partir du début des années 1960, puis par câble sous-marins en fibre optique à partir de la fin des années 1980, permettent d'étendre la portée des communications et de réduire leur coût : le prix des communications téléphoniques est divisé par 8 entre 1930 et 1970, puis par 10 entre 1970 et 1990. De même, en terme de débit, on est passé d'une centaine de communications simultanées dans les premiers câbles (téléphoniques) transatlantiques à la fin des années 1950 à 1 264 000 de communications en 1996, auxquelles il faut ajouter 710 000 communications par satellite (la progression est similaire pour les communications transpacifiques).

A côté des modes traditionnels de communication à distance, les années 1980 voient l'essor des NTIC (nouvelles technologies de l'information et de la communication). Celles-ci résultent du développement du support informatique pour les télécommunications (la « télématique ») et suscitent des progrès rapides en termes de capacité et de coût de transmission. Internet en représente l'avancée la plus spectaculaire, en tant que premier service universel de communication, théoriquement capable de connecter en direct tous les habitants de la planète pour un coût modique. Théoriquement en effet, dans la mesure où, à l'heure actuelle, en dépit de son extension rapide, le réseau internet est encore très lacunaire au niveau mondial. Essentiellement concentré dans les pays industrialisés, le développement de l'internet est freiné ailleurs par l'insuffisance de l'équipement en micro-ordinateurs et en infrastructures de télécommunication capables de transporter des données.

La fin des années 1990 est marquée par le développement d'une autre innovation : les constellations de satellites à basse altitude. En abaissant l'altitude des satellites, on les désynchronise de la rotation terrestre, et pour être sûr de toucher une zone précise à n'importe quel instant, on déploie une couverture dense de satellites. Ainsi, ces constellations de satellites devraient permettre d'atteindre l'idéal d'ubiquité de la communication à distance : communiquer n'importe quoi avec n'importe qui n'importe où.

Au total, toutes ces innovations et ces avancées en matière de transport et de communication favorisent la mise en contact des individus à travers le monde et le déploiement mondial de l'activité des firmes et des transactions financières.

Les utilisateurs d'internet dans le Monde

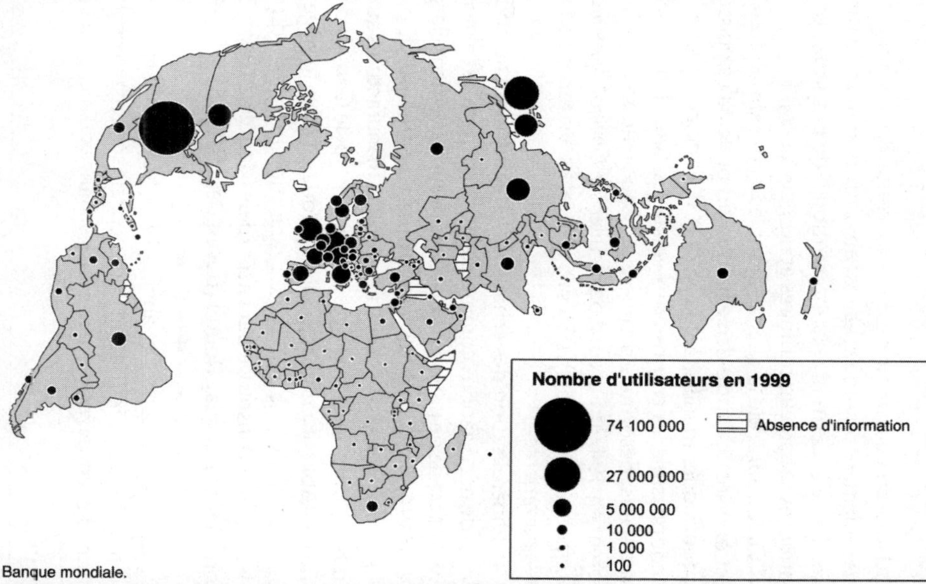

Source : Banque mondiale.

Olivier Vilaça / 2001

L'effacement de la distance économique

La distance comme obstacle au contact, à l'échange, n'est pas seulement physique ; elle est aussi économique, en rapport avec l'existence au niveau international de pratiques protectionnistes (obstacles tarifaires et non tarifaires).

Or, au sortir de la guerre, tirant les leçons de la phase protectionniste de l'entre-deux-guerres, les principales puissances économiques manifestent la volonté d'éliminer le plus rapidement possible les entraves aux échanges. Sous l'influence des Etats-Unis, désormais première puissance mondiale, elles élaborent en 1947 un accord particulier : le *General Agreement on Tariffs and Trade* (Gatt), l'Accord général sur les tarifs douaniers et le commerce.

La libéralisation des échanges s'effectue alors au cours de cycles de négociations commerciales multilatérales (« *rounds* ») avec un cercle de nations signataires progressivement élargi (de 24 en 1947 à 117 en 1993) et à propos de domaines de plus en plus nombreux et sensibles (des produits manufacturés aux produits agricoles et aux services). Depuis 1995, le Gatt est devenu une véritable organisation internationale (dont le siège est à Genève) en faisant place à l'Organisation mondiale du commerce (OMC) instituée par l'accord de Marrakech (avril 1994) concluant l'Uruguay Round (ouvert depuis 1986)[1].

Cependant, depuis les années 1980, les principales avancées en matière de libéralisation commerciale sont réalisées dans le cadre d'accords régionaux de libre-échange ou bien, dans le cas

---

1- A propos du rôle de l'OMC, voir Henry G. M., *A quoi sert l'Organisation mondiale du commerce ?*, Studyrama, 2001.

des pays en développement, sous l'effet des politiques d'ajustement structurel imposées par le FMI et la Banque mondiale dans la gestion de la crise de la dette.

Globalement, les efforts de libéralisation ont permis une diminution importante des tarifs douaniers appliqués par les pays industriels sur les échanges de produits manufacturés : de 40 % en 1947 à 5 % en moyenne aujourd'hui. La baisse apparaît beaucoup plus modérée dans le cas des pays en développement et concernant les autres catégories de produits (produits minéraux, agricoles) et les services (sauf transports, télécommunications et services financiers). De plus, à partir des années 1980, dans le contexte de tensions commerciales croissantes liées à la crise économique, les pratiques protectionnistes se sont multipliées sous la forme nouvelle d'obstacles non tarifaires (normes, règlements administratifs pointilleux, subventions, accords d'autolimitation, politique de sous-évaluation monétaire...). Il s'agit d'un protectionnisme sectoriel (« diffus »), concernant les secteurs les plus sévèrement touchés par la concurrence étrangère.

En fait, le retour à un protectionnisme généralisé comme durant l'entre-deux-guerres paraît désormais impossible. La libéralisation poussée des échanges depuis 1945 ayant favorisé la croissance du commerce mondial et conduit ainsi à l'interpénétration étroite des économies nationales.

L'homogénéisation de la communauté internationale

Une troisième et dernière évolution participe à l'approfondissement de la mondialisation au cours de la seconde moitié du XXe siècle.

Par ses structures, ses valeurs mais aussi ses tensions, la scène internationale tend à s'unifier, à s'homogénéiser depuis 1945, favorisant ainsi la perception de chacun de ses membres (société, gouvernement, individu) de vivre dans un même Monde.

L'homogénéisation des structures de la scène internationale découle de l'effondrement des empires coloniaux de la fin des années 1940 au milieu des années 1970.

La décolonisation – dont les motifs révèlent déjà l'influence de l'Occident – se traduit par la généralisation, l'universalisation, d'une structure politique particulière, forgée en Europe occidentale, celle de l'Etat-nation. Ainsi, depuis 1945, le nombre d'Etats souverains a été multiplié par trois. La création de l'ONU en 1945 et la multiplication de ses membres sont significatives de cette homogénéisation de la communauté internationale. De même, l'éclatement de l'Union soviétique peut être envisagé dans le prolongement de la décolonisation, « l'automne des peuples » en 1989 consacrant le triomphe du droit à l'autodétermination en Europe centrale et orientale.

Cet effondrement de l'Empire soviétique représente une deuxième forme d'uniformisation de la communauté internationale dans la mesure où il consacre l'échec définitif à la fin du XXe siècle – et à la suite de la faillite des expériences analogues chinoise, indienne, mexicaine ou algérienne – des modèles de développement autarcique, déconnectés du système mondial d'échanges.

Désormais, tous les Etats (à quelques rares exceptions comme la Corée du Nord) s'efforcent de s'intégrer à la division internationale du travail pour fonder leur croissance et leur développement. Dès lors, cherchant chacun à exploiter au mieux leurs avantages comparatifs et acceptant de se soumettre aux contraintes de l'interdépendance et de la concurrence, ils consacrent le triomphe de l'idéologie libérale et de la régulation par le marché au sein de la communauté internationale.

L'unification de la communauté des Etats ne s'accompagne pas pour autant de la disparition des conflits et des tensions, c'est plutôt le contraire. Comme l'annonçaient les deux conflits mondiaux, le Monde devient une scène géopolitique unifiée. L'antagonisme Est-Ouest, de 1947 à 1989, a largement contribué à cette unification du fait de la dimension immédiatement mondiale de ses enjeux (le ralliement de l'humanité au capitalisme ou au communisme), de sa menace (l'anéantissement nucléaire de l'humanité) et de ses fronts (l'instrumentalisation de tous les conflits régionaux sur tous les continents). Chacun alors, Etat comme individu, est tenu de prendre parti et ne peut que constater son intégration dans une histoire commune, un « *temps mondial* » selon les mots de Z. Laïdi.

Absorbée dans cette histoire mondiale, « *chaque expérience particulière prend une résonance universelle* » (P. Moreau Defarges). Ainsi, les génocides au Rwanda ou au Cambodge, les tentatives de réconciliation au Proche-Orient et en Afrique du Sud, les luttes pour l'indépendance (ou du moins la reconnaissance d'une identité) au Timor oriental, en Tchétchénie, au Tibet, au Pays basque, au Chiapas, ou encore les attentats terroristes aux Etats-Unis, le 11 septembre 2001, représentent autant d'événements désormais communs à toutes les sociétés et, dès lors, constitutifs de l'histoire du Monde.

A noter

Le 11 septembre 2001 : moment de la mondialisation

Si tant est que l'on puisse tirer les leçons d'un événement en cours, les attentats du 11 septembre 2001 contre le World Trade Center et le Pentagone, ainsi que leurs conséquences dans le Monde, semblent pouvoir participer directement à la dynamique de mondialisation.

Tout d'abord, ils contribuent à la mondialisation de la communication avec la diffusion planétaire quasiment en direct des images d'une catastrophe de grande ampleur. Les images de l'effondrement des deux tours du World Trade Center font désormais partie de la mémoire collective de l'humanité.

Plus profondément, l'« après-11 septembre » est marqué par la volonté commune des Etats les plus puissants – jusque-là récalcitrants à toutes formes d'interventionnisme économique – de renforcer leur coopération en vue de réguler le mouvement de mondialisation. Ainsi, la lutte lancée par les Etats-Unis contre le financement du terrorisme passe par un renforcement du contrôle des mouvements de capitaux après plus de vingt ans de libéralisation poussée.

Enfin, en tant qu'actes terroristes touchant le cœur de la première puissance mondiale, les attentats du 11 septembre témoignent de la transformation des sources d'instabilité au niveau mondial : celles-ci ne sont plus seulement le fait d'Etats, mais également (et de plus en plus) d'acteurs transnationaux. D'ailleurs, la riposte à ces actes relève moins d'une logique de guerre classique que d'une logique de police visant au maintien d'un ordre social mondial légitimé par la très grande majorité des membres de la communauté internationale. De ce point de vue, les attentats du 11 septembre sont significatifs de l'émergence d'une société mondiale.

Toutefois, l'hypothèse d'un repliement des pays riches sur eux-mêmes, jugeant trop élevés les risques d'une ouverture accrue, n'est pas exclue. Il s'agirait alors d'un ralentissement, sinon d'un recul du processus de mondialisation.

L'homogénéisation de la communauté internationale autour de l'Etat, du marché et d'un rythme historique, en instituant un cadre commun de comparaison et de confrontation, constitue donc un puissant facteur de rapprochement des individus et des sociétés.

Au total, la seconde moitié du XXe siècle rassemble toutes les conditions, tant sur le plan économique que politique, démographique, technique ou culturel, favorables à une accélération de la mondialisation.

Toutefois, comme on a pu le constater, la mondialisation n'est pas un processus linéaire ; jusqu'à présent, au contraire, chaque phase prolongée d'accélération (1492-1600 ; 1840-1929 ; 1945-2001) a été suivie d'une période de stagnation (1600-1840 ; 1929-1945).

Rien, par conséquent, ne permet d'affirmer, et ce quelle que soit la puissance des forces d'intégration à l'œuvre aujourd'hui, que la dynamique de mondialisation soit appelée à se poursuivre au même rythme dans les décennies à venir, ni même qu'elle doive continuer à progresser irrémédiablement ; sauf à considérer une tendance historique lourde à la « coalescence des sociétés » — des tribus primitives aux Etats-nations modernes — en rapport avec la maîtrise croissante de la distance par les hommes. C'est l'hypothèse développée ici.

Tableau 2 : Chrono-périodisation de la mondialisation

Les prémices	
1434	Franchissement du cap Bojador (au Sud des Iles Canaries) par le Portugais Gil Eanes.
1492	Découverte de l'Amérique par le Gênois Christophe Colomb.
1494	Traité de Tordesillas partageant les terres à découvrir entre l'Espagne et le Portugal.
1497-1498	Vasco de Gama contourne l'Afrique et atteint l'Inde par la mer.
1500	Cabral atteint le Brésil.
1519-1522	Premier tour maritime du monde par l'Espagnol Magellan.
1500-1580	Débarquements européens en Amérique, Afrique, Inde, Insulinde, Chine et Japon et mise en place de la première économie-Monde non encore mondiale mais déjà circum-planétaire.
1600-1840	Phase de stagnation relative de l'économie-Monde européocentrée.
L'amorce	
1841-1842	Guerre de l'opium et ouverture forcée de la Chine par le traité de Nankin.
1853-1854	Ouverture du Japon par le commandant américain Perry (traité de Kanagawa).

1862	Traité de libre-échange franco-anglais.
1880-1885	Généralisation de la navigation à vapeur, des télégraphes, des chemins de fer, des bourses commerciales...
1884-1885	Congrès de Berlin pour le partage du monde colonisé.
1896	Premier vol en avion par Adler.
1898	Invention de la téléphonie sans fil par Marconi.
1896-1914	Apogée de la première économie-Monde véritablement mondialisée.
1914-1918	Première Guerre mondiale.
1929-1939	Crise économique mondiale et phase de repli national.
L'approfondissement	
1939-1945	Deuxième Guerre mondiale.
1944-1947	Réorganisation de l'ordre international sous l'égide des Etats-Unis (SMI, ONU, Gatt).
1947	Enonciation des doctrines Truman et Jdanov et partage du Monde en deux blocs antagonistes.
1955-1965	Apogée de la décolonisation et multiplication des Etats souverains.
1960	Mise en orbite d'*Echo*, premier satellite de télécommunication.

1965-1973	Guerre du Vietnam, premier conflit médiatisé.
1980	Début de la diffusion de la pensée économique néo-libérale depuis les Etats-Unis et la Grande-Bretagne.
1989-1991	Effondrement du bloc communiste.
1991	Guerre du Golfe confirmant la suprématie américaine.
1992	Instauration de l'UE et de l'Alena ; premier sommet international sur l'environnement (à Rio de Janeiro).
1994	Création de l'OMC ; développement spectaculaire du *World Wide Web*.
1997-1998	Crise asiatique ; fragilisation des économies émergentes.
2000	Admission de la Chine à l'OMC.
2001	Premier sommet antimondialisation au Brésil (à Porto Alegre) ; retransmission en direct sur les chaînes du Monde entier des attentats aux Etats-Unis (11 septembre).

Partie III

Les flux de la mondialisation

La manifestation essentielle de la mondialisation réside dans l'explosion des flux de toutes sortes à l'échelle de la planète. C'est la densification et la diversification croissantes de ces flux qui permettent la construction progressive d'un espace de niveau mondial.

Ces flux mondiaux sont encore très inégalement répartis à la surface de la planète. Ils circulent dans leur grande majorité entre trois grandes zones et au sein de chacune d'elles : l'Amérique du Nord, l'Europe occidentale et l'Asie orientale ; tandis que d'autres régions du Monde, telles que l'Afrique, l'Asie centrale et méridionale ou l'Amérique andine sont au contraire encore peu concernées. Cependant, aucune société ne peut aujourd'hui s'abstraire totalement des flux de dimension mondiale et de leurs conséquences. S'isoler, par la fermeture volontaire, comme c'est le cas de la Corée du Nord, c'est encore les prendre en compte.

Quatre types de flux sont couramment distingués, chacun obéissant à une logique particulière correspondant à la réalité qu'il concerne : les personnes, les biens et services, les informations et les capitaux. Ces différents flux présentent également un degré de mobilité inégal, les capitaux et les informations étant plus mobiles que les biens et les services, eux-mêmes plus mobiles que les hommes. C'est toutefois la combinaison de ces flux qui produit la dynamique de la mondialisation.

1. Les flux de marchandises : le commerce mondial

En ce qui concerne les échanges de biens et de services, la mondialisation correspond à la mise en place d'un espace commercial unique, autrement dit d'un marché mondialisé. Avec les informations, ces flux constituent la première forme d'échanges à longue distance et leur croissance est souvent considérée comme la principale manifestation de la mondialisation.

L'essor véritable des échanges commerciaux en dehors des frontières nationales date du milieu du XIXe siècle. Mais c'est au cours de la seconde moitié du XXe siècle que ces échanges connaîtront la croissance la plus spectaculaire. Cette dernière concerne essentiellement les échanges de biens ; celle des services ne date que des années 1980.

Une telle croissance s'accompagne d'une modification de la composition des échanges et de leur répartition dans le Monde.

La croissance des échanges commerciaux depuis le début du XIXe siècle

Le commerce mondial de marchandises a connu deux grandes phases d'expansion : du milieu du XIXe siècle à la veille de la Première Guerre mondiale et depuis 1945. Il convient d'envisager séparément les échanges de biens et de services dans la mesure où ils ont connu un rythme de progression différent[1].

1. Données chiffrées d'après M. Rainelli, *Le commerce mondial*, La Découverte, Paris, 2000.

L'expansion spectaculaire des échanges de biens

Entre 1800 et 1913, la valeur du commerce mondial de biens par tête est multipliée par 25, tandis que, dans le même temps, la production mondiale par tête ne l'est que par 2,2. Ces échanges sont principalement le fait des pays européens dont l'ouverture s'accroît rapidement : le taux d'exportation, qui rapporte les exportations au produit national brut, passe pour l'ensemble de l'Europe de 4,4 % en 1830 à 13,2 % en 1910. La progression des échanges est alors favorisée par la stabilité des taux de change dans le cadre du régime de l'étalon-or, compensant le ralentissement économique observé durant la Grande Dépression à la fin du XIXe siècle.

Au contraire, de 1914 à 1945, en rapport avec la crise des années 1930 et les dérèglements du système monétaire international, l'expansion des échanges commerciaux se ralentit très fortement : la valeur du commerce mondial par tête ne croît que de 3 % entre 1913 et 1937 – soit une progression trois fois moins rapide que celle de la production – et connaît même une phase de recul entre 1929 et 1933.

Après la Seconde Guerre mondiale, le commerce mondial affiche de nouveau des taux de croissance impressionnants, supérieurs à ceux de la production : environ 6 % par an entre 1948 et 1960 et même 8,8 % par an entre 1960 et 1973. Ainsi, entre 1955 et 1975, la valeur des exportations est multipliée par plus de 9 tandis que celle de la production mondiale ne l'est que par 4.

La crise économique qui débute en 1974 n'a pas arrêté cette progression ; elle l'a seulement ralentie certaines années.

Ainsi, de 1973 à 1980, les échanges progressent encore de 4 % par an. A partir de 1980, le rythme de la croissance des échanges est plus heurté. La valeur du commerce mondial diminue de 1980 à 1983, pour augmenter à nouveau à partir de 1984 et surtout de 1986, et ce jusqu'à 1992. Puis, après une stagnation en 1993, la croissance s'accélère fortement entre 1994 et 1997, avant de ralentir à partir de 1998.

Globalement donc, malgré la crise et le ralentissement économique consécutif, la croissance du commerce mondial demeure très forte entre 1980 et 1998 : sa valeur est multipliée par 2,6 durant cette période, contre 1,5 pour la production mondiale.

La progression récente des échanges de services

Si l'expansion des échanges mondiaux de biens connaît un certain ralentissement à partir de 1975, comparé au rythme de progression des deux décennies précédentes, le commerce de services, dans le même temps, affiche une croissance fulgurante. Jusqu'à la fin des années 1970, la part des services dans les échanges mondiaux progresse peu alors que leur part dans la production mondiale ne cesse de croître. En revanche, au cours des années 1980 et 1990, la valeur des échanges de services est multipliée par 3,7 et leur part dans le commerce total passe de 17 % à 24,3 % (en 1998). De plus, leur marge de progression est encore très forte compte tenu du fait que les services représentent plus de 60 % de la production mondiale et que cette part ne cesse d'augmenter. Ceci explique d'ailleurs que la libéralisation des échanges de services soit au cœur des négociations multilatérales au sein de l'OMC depuis l'adoption, en 1994, d'un Accord général sur le commerce des services.

Cette expansion spectaculaire du commerce mondial depuis le XIXe siècle s'est accompagnée d'une profonde modification de la composition et de la répartition des échanges.

L'évolution de la structure des échanges mondiaux

Depuis le début de leur expansion, les flux mondiaux de biens et services se sont transformés, tant dans leur composition que dans leur organisation géographique.

L'évolution de la composition des échanges de marchandises

Jusqu'au lendemain de la Seconde Guerre mondiale, la part de produits primaires (agricoles et minéraux) demeure majoritaire, représentant encore plus de 60 % des exportations mondiales en 1937. Cependant, dès le début de l'expansion du commerce mondial, la part des produits manufacturés progresse rapidement et devient majoritaire à partir des années 1960. Depuis, ce poids n'a fait que se renforcer, sauf entre 1973 et 1985 du fait de la hausse des prix du pétrole – puis de l'ensemble des matières premières – consécutive aux chocs pétroliers (cf. tableau 3). Ainsi, de 1963 à 1999, la part des produits manufacturés dans les échanges mondiaux de marchandises passe de 52 % à 76,5 %. Cette progression va de pair avec la chute de la part des produits agricoles qui passe, dans le même temps, de 29 % à 10 %.

Tableau 3 : Composition des exportations mondiales, 1913-1999 (en % du total*)

	1913	1963	1973	1980	1985	1990	1999
Produits manufacturés	36	52	61	55	60,8	70,6	76,5
Produits agricoles	–	29	21	15	14	12,2	9,9
Produits minéraux	–	16	17	27,5	21,6	14,3	10,2

* Les totaux ne sont pas égaux à 100 car certains produits n'ont pu être classés dans aucune des trois catégories.

Le poids croissant des produits manufacturés s'explique à la fois par :

- le développement et la diversification des activités industrielles ;
- l'augmentation plus rapide du prix des produits industriels comparés à ceux des biens primaires ;
- la libéralisation plus poussée des échanges des produits manufacturés (dans le cadre du Gatt) ;
- l'extension de l'aire géographique des activités industrielles à des pays de plus en plus nombreux.

En ce qui concerne la composition des échanges de services, la principale évolution réside dans la part grandissante des services financiers et de ceux liés aux nouvelles technologies, aux dépens des activités plus traditionnelles comme les transports ou le tourisme, qui représentent néanmoins encore 60 % environ du commerce mondial de services.

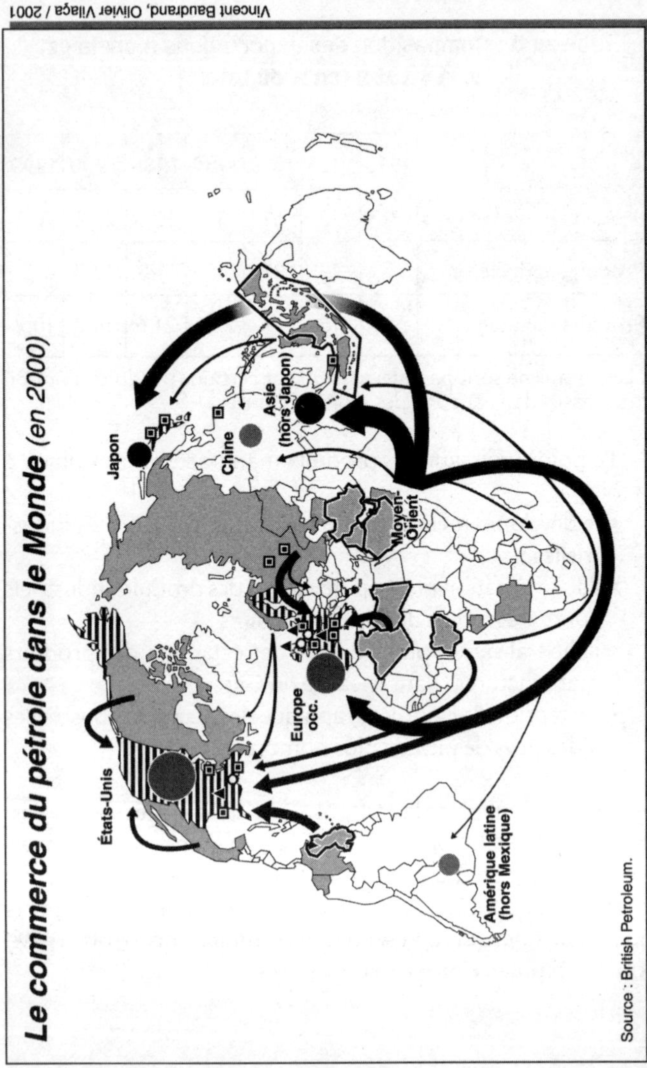
Le commerce du pétrole dans le Monde (en 2000)
États-Unis
Europe occ.
Japon
Chine
Asie (hors Japon)
Moyen-Orient
Amérique latine (hors Mexique)
Source : British Petroleum.
Vincent Baudrand, Olivier Vilaça / 2001

Une offre concentrée

Pays exportateurs

Membres de l'OPEP

Principaux flux d'exportations

20 150 300

(Les flux inférieurs à 20 millions de tonnes de sont pas représentés)

Une consommation massive

Principaux pays importateurs

900
650
200

Grandes zones de consommations
(en millions de tonnes)

Des dépendances variables

Dépendance totale

Dépendance importante

Dépendance faible

Un marché dominé par le Centre

Marchés spots

Pays d'origine des majors

Grands complexes de raffinage

A noter

Un marché mondial stratégique : le marché du pétrole

Parmi tous les marchés de biens, celui du pétrole constitue certainement le plus stratégique. Non pas tant par son poids en valeur dans les échanges mondiaux, lequel ne cesse de diminuer (de 23,3 % des exportations mondiales en 1981 à 5 % en 1999), mais par sa fonction actuelle de première source d'énergie employée dans le Monde (soit 40 % de la consommation énergétique mondiale en 1999). La maîtrise de ce marché représente donc un enjeu de puissance entre les principaux pays consommateurs (et leurs compagnies) et les grands pays producteurs (regroupés pour la plupart, depuis 1960, au sein de l'Organisation des pays exportateurs de pétrole). L'évolution pour le moins heurtée, du marché pétrolier depuis le début des années 1970 — avec deux « chocs » en 1973 et en 1979-1980, un « contre-choc » en 1985 et deux « pics » en 1991 et en 1999-2000 — est le reflet de ces rivalités.

Depuis le contre-choc pétrolier, l'organisation du marché est caractérisée par une abondance de l'offre (dont l'Opep représente près de 40 %, et les grandes compagnies pétrolières, appelées les *Majors*, 15 %) et une demande en hausse progressive, après une décennie de stagnation, mais toujours très largement concentrée au sein des trois pôles majeurs de développement : Etats-Unis (25 %), Union européenne (22 %) et Japon (8 %). De plus, depuis 1985, aucun acteur majeur du marché (Opep ou *Majors*) n'a les moyens de contrôler la fixation des prix. Ceux-ci sont désormais fixés dans le cadre de structures de cotation spécifiques (marchés « libres » ou *Spot*, à New York, Londres et Rotterdam) où se confrontent l'offre et la demande du produit. A l'avenir, les tensions sur le marché du pétrole sont sans doute appelées à s'accentuer dans la mesure où la croissance de la production va se ralentir à partir de 2005, en rapport avec le début de la baisse des réserves prouvées, tandis que la consommation devrait continuer à augmenter avec l'industrialisation rapide d'un nombre croissant de pays en développement. Le rôle de l'Opep, qui détient les 2/3 des réserves mondiales de pétrole, est donc amené à se renforcer rapidement.

Cette évolution de la composition du commerce mondial en faveur des produits manufacturés s'accompagne de sa concentration accrue sur les pays industrialisés.

L'évolution de l'organisation de l'espace mondial des échanges

L'expansion du commerce mondial s'effectuant dans le cadre de l'économie-Monde occidentale, les échanges apparaissent dès l'origine concentrés sur les puissances européennes et leurs colonies de peuplement. D'ailleurs, à l'exception notable du Japon, ce n'est que dans les deux dernières décennies du XXe siècle que des puissances commerçantes non-occidentales commenceront à s'affirmer.

Tableau 4 : Part prise dans les échanges mondiaux (en pourcentage du total) par les principaux PDEM depuis 1850

	1850	1913	1937	1950	1974	1995	1999
Royaume-Uni	18	17,6	12	11,5	6	4,9	5,2
Allemagne	–	12,5	10	3,3	13	9,2	8,9
France	6,2	7,7	4	2,2	6,6	5,4	5,2
Etats-Unis	5,5	10,3	14	22	14	13,1	15,5
Japon	–	1,8	4	1,5	7	7,5	6,4
Quatre dragons	–	–	–	1,5	3,3	10,5	9,5

Ainsi, tout au long du XIXe siècle, les flux du commerce mondial sont centrés sur l'Europe, et sur la Grande-Bretagne en particulier. Cependant, dès la fin du siècle, deux nouvelles puissances commerçantes, non-européennes, apparaissent : les Etats-Unis et le Japon. Jusqu'en 1945, leur ascension est très rapide, tandis que les anciennes puissances comme la France et la Grande-Bretagne ne cessent de décliner.

La Seconde Guerre mondiale achève de bouleverser la hiérarchie initiale en donnant la suprématie aux Etats-Unis, à l'instar de la Grande-Bretagne au milieu du XIXe siècle. Cependant, la configuration se rééquilibre à partir des années 1960 avec le rattrapage rapide, amorcé dès les années 1950, des anciennes puissances européennes et du Japon. De leur côté, les pays à économie planifiée voient leur poids commercial s'accroître, tandis que celui du Monde en développement diminue.

Tableau 5 : Répartition des exportations mondiales (en pourcentage du total) depuis 1913

	1913	1938	1950	1963	1973	1980	1989	1999
PDEM	75	66,5	64	67,3	70,8	63,5	70,3	68,5
PEP/PET	–	5,5	5,5	12,2	11,3	9	8,7	4
PED (dont NPI)	25	28	30,5	20,5	19,2	27,5	21	27,5

PDEM : pays développés à économie de marché
PEP : pays à économie planifiée
PET : pays en transition depuis 1990
PED : pays en développement
NPI : nouveau pays industrialisé

Dans les décennies suivantes, cette organisation tripolaire du commerce mondial ne fait que se renforcer, avec une concentration croissante des échanges au sein des pays développés à économie de marché, ceux-ci commerçant de plus en plus entre eux – près de 60 % du commerce mondial s'effectue entre pays développés.

Cependant, cette polarisation n'empêche pas l'affirmation, dès les années 1970, de nouvelles puissances commerciales issues des pays en développement : les « dragons » asiatiques (Corée du Sud, Taiwan, Singapour et Hong Kong) et latino-américains (Brésil et Mexique), puis les « bébés tigres » (Malaisie, Thaïlande et Indonésie) et provinces maritimes chinoises dans les années 1980. En 1999, ces dix nouveaux pays industrialisés (NPI) représentent 20 % du commerce mondial, soit les 2/3 de la part des pays en développement. L'affirmation d'un pôle commercial asiatique centré sur le Japon remet donc en cause la domination jusque-là sans partage – à l'exception du Japon – du marché mondial par les pays occidentaux.

Dans le même temps, les autres pays en développement voient leur poids régresser régulièrement, en dépit d'une éphémère remontée durant la décennie des chocs pétroliers (1973-1983). Quant aux pays de l'Est, leur ouverture au marché au début des années 1990 s'accompagne d'un effondrement de leur part dans les échanges mondiaux. Ainsi, plus de la moitié de la population de la planète représente moins de 15 % du commerce mondial aujourd'hui.

Au total, cette concentration du commerce mondial au niveau des pays les plus développés et les plus industrialisés est à mettre en rapport avec le poids croissant des produits manufacturés dans les échanges aux dépens des produits primaires. Or, dans le cadre de la division internationale du travail, la production manufacturière est quasi exclusivement le fait des anciens et nouveaux pays industriels.

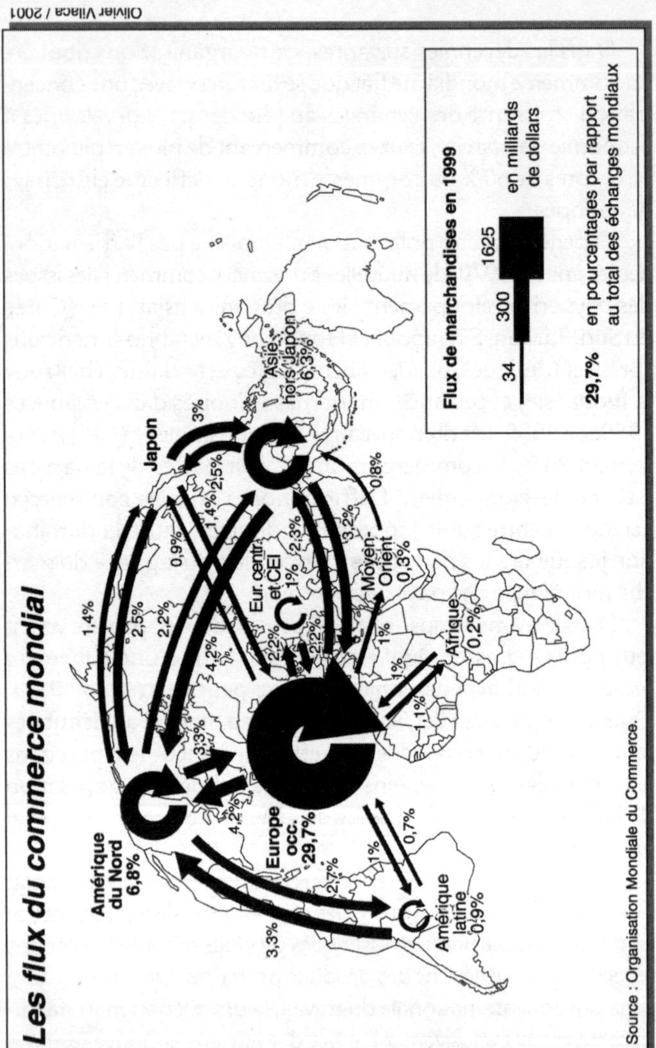

Les flux du commerce mondial

Source : Organisation Mondiale du Commerce.

Vers un marché mondial unique ?

Face à cette dynamique prolongée d'ouverture commerciale des économies nationales depuis deux siècles, on peut tenter de mesurer le niveau d'intégration actuel et s'interroger sur la possibilité d'un marché mondial unique.

Intégration mondiale...

Plusieurs indicateurs vont dans le sens d'une intégration toujours plus poussée des économies nationales dans un marché mondial.

Le premier indice réside dans l'élargissement récent, massif et rapide de ce marché avec l'insertion, depuis le milieu des années 1980, de plus de 60 pays ex-communistes et/ou en développement ayant opté jusque-là pour un modèle de développement fermé ou autocentré. La meilleure illustration en est l'adhésion récente de la Chine à l'OMC. A quelques exceptions près désormais, c'est l'ensemble de l'humanité qui se trouve intégrée – ou du moins en cours d'intégration – dans l'espace mondial des échanges.

Un deuxième indicateur correspond à l'extraversion grandissante des économies nationales en rapport avec une croissance des échanges plus rapide que celle de la production mondiale pendant deux siècles, à l'exception de la période de l'entre-deux-guerres. Ainsi, le taux d'ouverture des économies, qui rapporte les exportations au PIB, a largement progressé depuis le XIXe siècle. Il est passé de 9 % en 1967 à 14 % aujourd'hui pour les pays développés, et de 17 % à 20 % pour les pays en développement. De même, au niveau mondial, les exportations de biens et services sont passées de 8 % du PIB en 1947 à près de 25 % aujourd'hui.

Il en ressort que la croissance économique dans de nombreux pays désormais est principalement due aux exportations. Il en va de même pour les importations qui sont de plus en plus vitales pour l'approvisionnement des économies nationales.

L'intégration croissante du commerce mondial s'exprime également à travers l'essor du commerce « captif » ou intra-firme – échanges commerciaux entre une société-mère et ses filiales ou entre filiales d'une même firme multinationale. Aujourd'hui, les 2/3 du commerce mondial sont de ce type : un tiers sous forme d'exportations et un tiers sous forme de commerce entre maisons mères et filiales. Ainsi, une partie croissante des importations des pays développés provient des filiales étrangères de firmes nationales. Un Etat qui serait tenté de se protéger des produits étrangers pénaliserait donc dans le même temps ses propres entreprises qui ont installé des sites de production à l'extérieur.

Enfin, un dernier indice réside dans la multiplication des produits mondiaux, destinée à satisfaire une demande mondiale standardisée : ainsi, par exemple, les produits électriques, électroniques et informatiques pour le grand public, certains vêtements (articles de sport, jeans...), les montres, les sodas, les plates-formes pétrolières, etc. Il en va de même au niveau des services, avec une grande partie de la production cinématographique et musicale américaine ou de nombreux services financiers.

Toutefois, cette mondialisation des produits et des services traduit moins une homogénéisation des goûts que la volonté des entreprises de réduire leurs coûts de production. D'ailleurs, les produits mondiaux sont encore peu nombreux, les spécificités nationales (voire régionales) demeurant très fortes sur la grande majorité des marchés.

... ou intégration régionale ?

Si la dynamique d'intégration du marché mondial est indéniable et ne se dément pas depuis un demi-siècle au moins, d'autres indicateurs révèlent que cette intégration est encore très relative tandis que de nombreux obstacles semblent devoir empêcher son achèvement à terme.

Un premier élément de relativisation de l'intégration commerciale mondiale réside dans la persistance d'importants écarts de prix pour un même produit vendu dans différents pays. Or, en théorie, le libre-échange devrait faire converger les prix vers un prix unique puisque la concurrence oblige les producteurs à coûts élevés à réduire leurs prix.

Si les prix sont certes interdépendants à travers les frontières, le maintien d'un écart révèle que le niveau des prix dépend encore très largement de facteurs nationaux tels que la structure de la consommation, le niveau de la fiscalité, l'efficacité des réseaux de distribution, mais également le degré de protection.

Cette dernière variable témoigne du maintien de nombreux obstacles aux échanges de biens et services, deuxième limite à la mondialisation du commerce. En effet, la libéralisation des échanges est encore très partielle : elle concerne essentiellement, comme on a déjà pu le noter, les produits industriels et, dans une bien moindre mesure, les autres secteurs d'activités, services compris. Par ailleurs, la montée des tensions commerciales entre les principales puissances économiques (Etats-Unis, Communauté européenne, Japon et NPI d'Asie), dans le contexte de la crise économique prolongée, s'est traduite par un regain de protectionnisme depuis les années 1980, mais sous la forme inédite d'obstacles non tarifaires aux échanges. Ceux-ci sont très variés, des normes aux contingentements en passant par les protections indirectes (subventions, allègements fiscaux, etc.) et les pratiques bureaucratiques multiples ne visant en fait qu'à freiner les échanges. Bien qu'en contradiction flagrante avec le discours libre-échangiste officiel, toutes ces procédures peuvent se multiplier car leur intention protectionniste est très difficile à démontrer, contrairement aux obstacles tarifaires classiques.

La mise en place d'un véritable marché mondial intégré paraît donc encore très lointaine. Elle l'est d'autant plus que la croissance des échanges commerciaux s'effectue davantage dans un cadre régional (ou continental) que mondial.

En effet, depuis deux décennies au moins, les échanges entre pays d'une aire régionale donnée s'accroissent plus vite que les flux extra-régionaux. Cette intégration régionale apparaît plus ou moins forte suivant les zones. C'est en Europe occidentale qu'elle est la plus poussée, dans le cadre de l'Espace économique européen dont 70 % des échanges s'effectuent intra-zone en 1998 (contre 50 % en 1980). Viennent ensuite l'Asie orientale avec 45% des échanges en interne (25,5 % en 1986), puis l'Amérique du Nord (38 %) et les pays d'Europe de l'Est (32,5 %). A l'inverse, les échanges internes à l'Afrique et au Moyen-Orient sont très peu développés.

De plus, cette polarisation régionale des échanges s'accompagne de la formation de zones d'influence spécifiques à chacun des trois pôles majeurs du commerce mondial :

- l'Amérique latine pour les Etats-Unis ;
- l'Asie orientale et méridionale pour le Japon ;
- l'Europe de l'Est, l'Afrique et le Moyen-Orient pour l'Union européenne.

Cette régionalisation du commerce mondial est considérée – notamment par l'OMC – comme une étape de transition et d'adaptation vers le libre-échange généralisé. Or, si la libéralisation des échanges régionaux s'est jusqu'à présent traduite par une libéralisation parallèle (certes à un rythme plus lent) des échanges avec le reste du Monde, cela pourrait bien ne plus être le cas à l'avenir. En effet, selon de nombreux économistes (M. Allais, G. Lafay, etc.), le libre-échange, en situation de non-immobilité des facteurs de production, ne procure des gains que dans le cas de partenaires proches en termes de niveau de vie ou de législation sociale. Ainsi, une intégration commerciale généralisée n'apparaît pas devoir susciter suffisamment d'avantages pour être en mesure de se réaliser. En revanche, il semble plus envisageable de concevoir un espace commercial mondial « *où la dose de libre-échange varie en fonction de la proximité des économies nationales : libre-échange total à l'intérieur de la zone considérée, plus modéré avec le reste du monde* » (F. Teulon).

Toutefois, la régionalisation poussée des échanges porte en elle le risque d'un fractionnement de l'espace mondial en cas de crise majeure entre les grandes puissances économiques. La mondialisation des échanges, en tout cas commerciaux, n'est pas un processus irréversible.

2. Les flux de capitaux : la globalisation financière

Davantage que le commerce, la finance émerge comme le premier champ réellement mondialisé. La mondialisation des transactions financières a pris une telle ampleur, qu'il est aujourd'hui possible d'observer le fonctionnement d'un marché unifié des capitaux à l'échelle mondiale.

Avant d'envisager les caractères de la finance mondialisée, il convient de cerner les principaux facteurs du processus de globalisation financière. On s'attardera ensuite sur un cas particulier de flux financiers à la base du processus de mondialisation des systèmes productifs : les investissements directs à l'étranger (IDE).

Facteurs et étapes de la globalisation financière

Comme pour les biens, l'expansion mondiale de la finance date du XIXe siècle. Cependant, son accélération a été beaucoup plus rapide et généralisée à partir des années 1970.

Les étapes de la mondialisation des flux de capitaux

La mobilité internationale des capitaux n'est pas un phénomène nouveau, ni même récent. Dès la fin du XIIe siècle, la lettre de change permet de réaliser des transferts de fonds par simple jeu d'écriture, et au XIVe siècle, les banquiers italiens (comme les

Médicis de Florence) installent déjà des succursales dans toutes les grandes places d'Europe pour répondre aux besoins de financement des Etats naissants.

Ce n'est cependant qu'à partir du XIXe siècle que ces mouvements de capitaux connaîtront une véritable expansion. Tout au long du siècle, et jusqu'au déclenchement de la Première Guerre mondiale, les transactions financières internationales connaissent une croissance accélérée en rapport avec la mise en valeur des empires coloniaux et des « pays neufs » (Etats-Unis, Russie, Canada, Australie, Argentine, etc.). Ainsi, sur la période allant de 1870 à 1914, les mouvements internationaux de capitaux représentent près de 4 % du PIB mondial. A l'inverse, de 1914 à la fin des années 1950, on note un recul brutal des flux de capitaux lié à la crise des années 1930 et au dérèglement consécutif des relations internationales.

A partir des années 1960, les échanges financiers recommencent à progresser avant d'enregistrer une véritable explosion depuis le milieu des années 1970. Tous les types de flux financiers sont alors concernés. Ainsi, selon la Cnuced, la valeur des transactions bancaires internationales est passée de 6 % du PIB mondial en 1972 à près de 40 % à la fin des années 1990. Selon la même source, l'encours des investissements directs (à l'étranger) est passé de 5 % en 1980 à plus de 13,7 % à la fin des années 1990. Enfin, sur le marché des changes, le volume des échanges a été multiplié par 8 depuis 1985, pour atteindre 2 000 milliards de dollars par jour en 1999. Selon la dernière enquête disponible de la Banque de règlements internationaux (BRI), le montant des transactions quotidiennes sur ce dernier marché serait 100 fois plus élevé que la valeur du commerce mondial en 1998.

Les facteurs de la globalisation financière

Le processus de globalisation financière est donc un phénomène récent et massif. Il résulte fondamentalement de la rencontre d'une demande croissante en financement et d'une offre elle aussi grandissante.

Si la croissance des échanges de capitaux accompagne logiquement l'essor du commerce mondial, le mouvement de globalisation financière, lui, répond à un besoin beaucoup plus spécifique. Celui-ci est le fait des grandes entreprises mais aussi, et surtout, des Etats. En effet, à partir des années 1980 et surtout de 1985, les firmes se lancent dans une stratégie d'internationalisation rapide, non plus seulement par le commerce mais aussi, et de plus en plus, par l'investissement (direct) à l'étranger. Tel est le cas dans tous les grands pays industrialisés, NPI compris. Or, ces opérations, de même que les investissements de plus en plus lourds en recherche-développement, exigent d'énormes volumes de capitaux.

Dans le même temps, la grande majorité des Etats voit leur endettement s'accroître vigoureusement en rapport avec le ralentissement de la croissance économique. Entre 1980 et 1995, l'endettement des pays de l'OCDE passe ainsi de 41 % à 75 % de leur PIB, les Etats-Unis étant de loin les premiers débiteurs. Le recours à l'emprunt extérieur est également le fait des pays socialistes, cherchant à calmer le mécontentement grandissant des populations, et des pays du tiers-monde lancés dans d'ambitieuses politiques de développement. De ce point de vue, l'endettement constituera un vecteur essentiel de mondialisation.

Face à cette explosion des besoins, l'offre de capitaux va être sollicitée par tous les moyens. Les disponibilités financières au milieu des années 1970 sont d'ailleurs abondantes. D'une part, l'expansion des Trente Glorieuses (1945-1975) se traduit par un enrichissement des sociétés occidentales et une augmentation de leurs capacités d'épargne. D'autre part, les hausses des prix du pétrole en 1973 et 1980 génèrent dans les pays exportateurs d'énormes excédents financiers dont près de la moitié sont placés en dépôts liquides dans les banques occidentales (pétrodollars).

Ces disponibilités en capitaux ne trouveront à s'employer et à se développer qu'en dehors du système financier international de l'époque, mis en place par les accords de Bretton Woods en 1944 et régulé par les Etats en vue de contrôler précisément les mouvements de capitaux, notamment privés. C'est en effet dans le cadre des marchés des eurodollars et des xénomonnaies (euromarks, eurofrancs, etc.) en général – qui permettent d'obtenir des prêts en toutes monnaies en dehors de leur territoire d'émission, à l'écart de tout contrôle étatique – que l'offre de capitaux (sous forme de xénomonnaies et de pétrodollars tout d'abord) trouve à se placer de manière très rémunératrice. Ainsi, à partir du milieu des années 1970, se met très rapidement en place un marché international des capitaux privés, s'affirmant bientôt comme le foyer majeur de la finance internationale aux dépens du dispositif de financement public officiel.

Or, compte tenu de leurs besoins financiers croissants, les pays développés (les Etats-Unis en tête) favorisent cet essor de la finance internationale privée par la libéralisation (désintermédiation, déréglementation et décloisonnement) des échanges de capitaux. C'est la combinaison de cette politique de libéralisation avec la frénésie des innovations financières (produits dérivés) et les possibilités offertes par la révolution télématique qui permettra l'intégration globale des marchés financiers en moins de deux décennies.

A noter

Les « trois D » de la globalisation financière (H. Bourguinat)

Trois processus de libéralisation des échanges de capitaux sont à la base du processus de globalisation financière : la déréglementation, la désintermédiation et le décloisonnement.

La « déréglementation » correspond à l'assouplissement, sinon à l'abolition, des réglementations nationales régissant et donc restreignant la circulation des capitaux (contrôle des changes, encadrement du crédit, etc.).

La « désintermédiation » est la possibilité offerte aux opérateurs internationaux (pour emprunter ou placer de l'argent) de recourir directement aux marchés financiers (obligations, actions, produits dérivés, etc.) sans plus passer par les intermédiaires traditionnels qu'étaient les banques. Celles-ci, dans un système de financement direct (ou désintermédié) ne servent plus qu'à mettre en relation offreurs et demandeurs de capitaux, et leur part dans le financement de l'économie est en constante diminution.

Le « décloisonnement » désigne l'abolition des frontières entre des marchés jusque-là séparés, cloisonnés, au niveau extérieur (marchés nationaux) mais aussi intérieur : marché monétaire (capitaux à court terme), marché financier (capitaux à plus long terme), marché des changes (échanges de monnaies entre elles), marché à terme, etc. Tous ces marchés particuliers sont désormais les sous-ensembles d'un marché financier unique devenu lui-même mondial.

Le marché mondialisé de l'argent

Le système financier international se présente donc aujourd'hui comme un « *méga-marché unique de l'argent au niveau planétaire* » (D. Plihon). Son fonctionnement globalisé pèse très largement sur l'évolution économique aux niveaux national et mondial.

Une double unité

Le marché mondialisé de l'argent est désormais caractérisé par une double unité.

Unité de lieu d'une part, dans la mesure où les différentes places financières sont de plus en plus interconnectées grâce aux réseaux d'ordinateurs et de télécommunication. C'est la place financière de Londres, la City, qui a lancé le mouvement (« *big-bang* ») en 1986, avec l'instauration d'un système de transactions et de cotations informatisés fonctionnant en continu et relié à tous les autres centres financiers de la planète. Les autres places financières ont suivi, entraînant une concurrence féroce entre elles. Désormais, les capitaux se déplacent quasi-immédiatement d'une place à une autre, d'une entreprise à une autre.

Unité de temps d'autre part, en raison du fonctionnement en continu, 24 heures sur 24, du marché sur les places financières et boursières d'Asie orientale (Tokyo, Hong Kong, Singapour), d'Europe occidentale (Londres, Francfort, Paris, Zurich) et d'Amérique du Nord (New York, Chicago).

Un tel marché permet donc aux opérateurs financiers (entreprises, Etats, etc.) d'emprunter ou de placer de l'argent sans limites, où et quand ils le souhaitent, en utilisant tous les instruments financiers disponibles, afin d'accélérer la circulation de l'argent mais aussi de se protéger (et d'exploiter) les incertitudes de ces mouvements de plus en plus rapides.

C'est dans ce cadre globalisé que l'on assiste à la montée en puissance des acteurs financiers privés : les banques bien sûr, mais aussi les firmes multinationales dont les activités financières ont explosé, et surtout les investisseurs institutionnels — regroupant les compagnies d'assurances, les fonds de pension et les sociétés d'investissements et de fonds de placement, comme les Sicav – qui collectent l'épargne privée pour la placer en actions ou en obligations. Depuis les années 1980, le poids de ces derniers s'est considérablement accru, à tel point qu'ils représentent aujourd'hui les intervenants majeurs des marchés aux côtés des institutions financières traditionnelles. Ces investisseurs gèrent un portefeuille d'actifs estimés à plus de 30 000 milliards de dollars à la fin des années 1990, soit une somme supérieure au PIB cumulé des principaux pays développés. La moitié de ces actifs est détenue aux Etats-Unis.

Un autre acteur important de cette finance privée, à la lisière avec le système public, est représenté par les « paradis fiscaux » (ou centres *off shore*). Il s'agit d'une juridiction qui ne prélève pas ou peu d'impôts sur les sociétés et dont les législations protègent le secret des opérations bancaires. Ces paradis bancaires sont surtout présents autour des grands centres économiques d'Amérique du Nord (Caïman, Curaçao...), d'Europe (Luxembourg, Liechtenstein, Monaco, îles anglo-normandes...) et d'Asie (Singapour, Hong Kong, Barhein...), et plus de la moitié battent pavillon britannique. Leur nombre a augmenté de plus de 1 400 % au cours des quinze dernières années et l'on estime que la moitié des flux de capitaux internationaux y passe ou y réside aujourd'hui. Servant aux opérations financières des banques, des compagnies d'assurance et des entreprises, les paradis fiscaux jouent également un rôle accru dans les opérations de blanchiment de l'argent provenant de l'évasion fiscale, de la corruption, du terrorisme et des trafics en tout genre (armes, drogues, jeux, prostitution...) contrôlés par les différentes mafias.

Finance globalisée *versus* économie productive

Cette finance privée et intégrée au niveau mondial apparaît de plus en plus autonome par rapport à la sphère productive de l'économie tout en la régissant, au moins partiellement, en dehors de toute régulation institutionnelle.

Tout d'abord, en raison de la forte rentabilité des marchés boursiers et financiers, les actionnaires des entreprises exigent des retours sur investissements élevés, ce qui n'est pas toujours compatible avec la stratégie d'investissement à long terme de ces entreprises. L'objectif prioritaire n'est plus d'assurer la croissance à long terme de l'entreprise, mais de réaliser des gains de productivité – notamment par la fermeture d'unités de production jugées pas assez rentables – afin de maximiser la valeur actionnariale de l'entreprise. On assiste donc à une financiarisation croissante de l'économie mondiale, qui se traduit par l'attrait grandissant pour les mécanismes financiers aux dépens des mécanismes de production.

Par ailleurs, le caractère souvent mimétique et volatile (voire spéculatif) des investisseurs privés représenterait une source d'instabilité structurelle et ferait ainsi peser une menace constante de « crise systémique » (ou globale) sur la croissance mondiale. Depuis le milieu des années 1990, cette instabilité concerne en particulier les pays émergents (ou NPI) qui bénéficient d'importants transferts de capitaux privés, mais sont régulièrement secoués par de graves crises financières : Mexique (fin 1994), Asie du Sud-Est (1997), Brésil (1999), Argentine et Turquie (fin 2000).

Face à ces soubresauts successifs et à la menace qu'ils représentent pour l'économie mondiale, une volonté de régulation tend à s'affirmer, notamment à travers l'introduction (par la BRI) de normes « prudentielles » censées limiter les risques pris par les banques internationales, ou le plaidoyer d'Attac[1] pour l'instauration d'une taxe sur les opérations de change (taxe Tobin). Cependant, la modestie des tentatives actuelles de régulation témoigne, au-delà des difficultés techniques, de l'absence de véritable volonté politique en leur faveur au sein des principales puissances économiques. Celles-ci, en effet, considèrent que la libre circulation des capitaux est bénéfique pour la croissance, grâce à une meilleure allocation des valeurs. Surtout, elles sont favorables, et les Etats-Unis en tête, à la solution la plus adaptée à leurs énormes besoins en capitaux. Et ce même si cela doit s'accompagner d'une mise sous surveillance de la politique économique nationale par un petit nombre d'acteurs privés responsables uniquement devant leurs actionnaires ; autrement dit, un déficit de démocratie.

Flux de capitaux et mondialisation de la production

Un type particulier de flux financiers favorise l'interpénétration étroite des économies nationales à travers la diffusion des techniques de production et le déploiement de réseaux de production transnationaux. Ce sont les investissements directs à l'étranger (IDE) réalisés par les entreprises dans leur stratégie d'internationalisation. A la différence des placements financiers classiques (ou investissements de portefeuille), les IDE représentent l'achat d'avoirs à l'étranger en vue de créer, de développer ou de contrôler une ou des entreprises exerçant leurs activités en dehors du territoire national.

1. Attac : Association pour une taxation des transactions financières pour l'aide aux citoyens.

L'explosion récente des flux mondiaux d'IDE

En phase avec la croissance du commerce mondial, l'essor des investissements des entreprises nationales à l'étranger s'amorce au cours de la seconde moitié du XIXe siècle, et plus précisément à partir des années 1870.

Jusqu'à la Première Guerre mondiale, les flux d'investissement sont très largement le fait des firmes britanniques afin d'organiser leurs filières d'approvisionnement en matières premières. C'est le cas par exemple, de Lever dans les huiles végétales, de Dunlop dans le caoutchouc, de Cadbury dans le cacao ou de Shell dans le pétrole.

L'entre-deux-guerres apparaît plus défavorable au commerce mondial qu'aux IDE. Malgré les difficultés des années 1930, ceux-ci voient en effet leur stock presque doublé entre 1914 et 1938, en rapport avec la montée en puissance des multinationales américaines, qui ne cessera de s'affirmer jusqu'aux années 1970.

Au contraire, dans les années 1950 et 1960, le taux de croissance des IDE est inférieur à celui des échanges commerciaux. La réouverture des économies nationales s'effectue alors essentiellement par le développement des exportations.

Comme durant l'entre-deux-guerres, la progression des IDE ne semble guère affectée par le ralentissement de la croissance économique à partir du milieu des années 1970. Elle s'accélère même de façon spectaculaire au cours des années 1980 et surtout à partir de 1985. Ainsi, le flux annuel d'IDE est passé de 50 milliards de dollars (courants) en 1983-1985 à plus de 200 milliards en 1989-1991, et à près de 830 milliards en 1999. En termes de stock, le volume des investissements est passé de 68 milliards au début des années 1960 à 3 500 milliards à la fin des années 1990.

Une telle explosion traduit la multiplication des firmes multinationales (de 7 000 à la fin des années 1970 à 53 000 aujourd'hui, selon la Cnuced) et le développement de leurs activités à l'étranger. Ainsi, depuis le début des années 1990, les ventes à l'étranger des filiales de multinationales sont supérieures au montant des exportations mondiales et la production réalisée sur le sol de chaque pays par des entreprises d'origine étrangère atteint désormais 10 % du PIB mondial (contre seulement 5 % en 1982). Les activités productives apparaissent donc de plus en plus mondialisées.

La concentration croissante des flux d'IDE au sein de la triade

Depuis le XIXe siècle, les flux d'IDE apparaissent très largement concentrés au sein des Etats les plus industrialisés. A la fin des années 1990, le poids des trois grands pôles de l'économie mondiale est toujours écrasant avec près de 90 % du stock mondial d'IDE.

Les Etats-Unis demeurent toujours le premier fournisseur et le premier pays d'accueil des IDE dans le Monde, même si leur part dans le stock mondial d'investissements est moins importante aujourd'hui qu'au lendemain de la Seconde Guerre mondiale. Cette évolution déclinante est essentiellement liée à la montée rapide des stocks d'IDE européens et japonais depuis les années 1980. Il convient, à ce propos, de noter que la part croissante du Japon – contrairement aux pays européens – résulte avant tout de l'internationalisation des firmes japonaises tandis que le pays demeure très largement fermé aux investissements étrangers, du moins jusqu'à la crise asiatique.

Corollaire de cette polarisation croissante des IDE au sein de la triade, la part des pays en développement est faible et déclinante sur le long terme : des 2/3 du stock mondial en 1938, on passe à 1/3 en 1960 puis 1/5e à la fin des années 1990.

Cependant, cette évolution générale masque l'augmentation rapide de la part de quelques économies émergentes d'Asie et d'Amérique latine depuis la fin des années 1980. Ainsi, à la fin des années 1990, les quatre dragons asiatiques détiennent plus de 6 % du stock mondial d'IDE, contre moins de 2 % en 1985. Par ailleurs, en 1999, plus des 3/4 (78,6 %) des flux à destination des pays en développement (hors quatre dragons) sont concentrés sur l'Amérique latine et l'Asie orientale, c'est-à-dire pour l'essentiel, la Chine, le Brésil et le Mexique plus l'Argentine, la Malaisie et la Thaïlande.

Cette concentration des flux d'IDE au niveau des pays industrialisés révèle le changement de nature de l'IDE au cours des dernières décennies. Jusqu'à la Seconde Guerre mondiale, la majeure partie des IDE était concentrée dans les secteurs agricole et minier, en fonction d'une logique d'approvisionnement en matières premières. Depuis, à cette logique initiale se sont juxtaposées d'autres logiques consistant à :

- être proche des marchés sur lesquels sont écoulés les produits et contourner du même coup d'éventuelles barrières tarifaires ;
- tirer parti de coûts de production inférieurs à l'étranger ;
- réaliser des économies d'échelle en produisant pour un marché plus vaste.

Les IDE répondent donc de plus en plus, de la part des firmes, à une logique de recherche d'un avantage concurrentiel, au niveau industriel en particulier, mais aussi, de façon croissante, pour les services. Or les pays industrialisés étant les plus aptes à fournir ces avantages (en termes de marchés solvables, de main-d'œuvre qualifiée, d'équipements collectifs de qualité, etc.), il est normal que les IDE tendent à se concentrer dans ces régions.

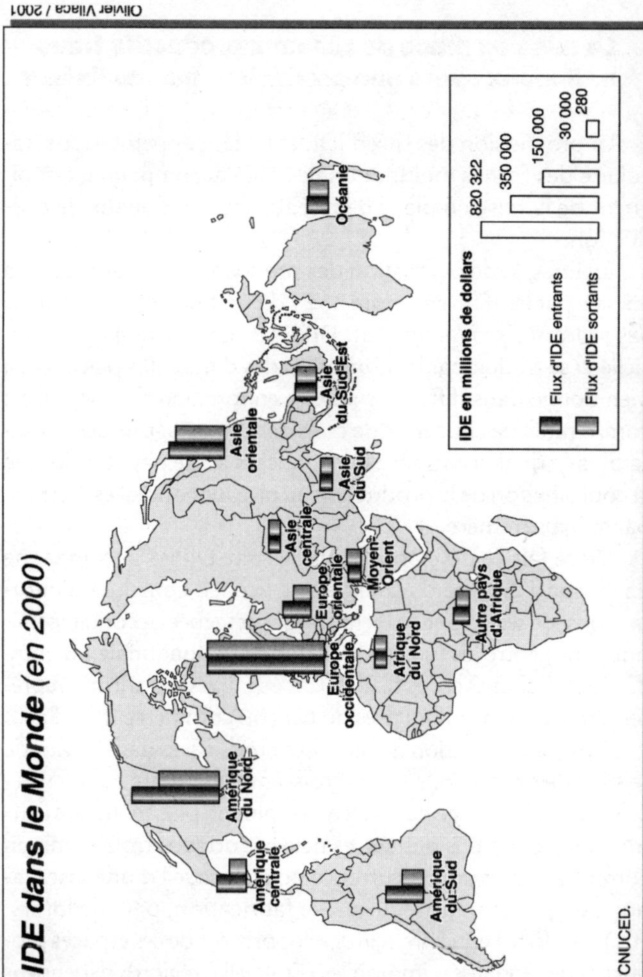
Les IDE dans le Monde (en 2000)
Amérique du Nord
Amérique centrale
Amérique du Sud
Europe occidentale
Europe orientale
Afrique du Nord
Autre pays d'Afrique
Moyen-Orient
Asie centrale
Asie du Sud
Asie orientale
Asie du Sud-Est
Océanie
IDE en millions de dollars
Flux d'IDE entrants
Flux d'IDE sortants
820 322
350 000
150 000
30 000
280
Source : CNUCED.
Olivier Vilaca / 2001

La mise en place de réseaux productifs transnationaux : vers une production mondialisée ?

La progression des flux d'IDE et le développement spectaculaire des firmes multinationales qui l'accompagne, témoignent de la mise en place de réseaux transnationaux de production.

En effet, la délocalisation des productions, induite de plus en plus par les IDE, engendre une « *décomposition internationale des processus productifs* » ou DIPP (B. Lassudrie-Duchêne). Celle-ci se traduit par la fabrication des différentes pièces d'un bien donné dans différents pays – en fonction des avantages comparatifs de chacun et de considérations logistiques – l'assemblage final pouvant se faire dans un autre pays tandis que la coordination de la production au niveau mondial est assurée par la maison-mère.

De ce fait, le développement de cette DIPP s'accompagne de l'essor d'un type d'échanges particulier, constitué d'informations, de services et de biens (pièces détachées, produits semi-finis, etc.) entre les filiales de la firme multinationale ou entre des sous-traitants et ces filiales. Ces échanges intrafirmes représenteraient aujourd'hui près du tiers du commerce mondial.

Ainsi, la localisation des activités productives dans le Monde semble devoir obéir de façon croissante aux stratégies d'entreprises dont l'ancrage national est de plus en plus ténu. Des lieux très éloignés les uns des autres peuvent donc se trouver mis en comparaison et en concurrence pour l'accueil d'une installation (siège d'entreprise, usine de fabrication, parc de loisirs, etc.). Dès lors, l'équilibre et le développement de ces espaces productifs territorialisés, immobiles (Etat, ville, région), dépendent de plus en plus de leur capacité à savoir valoriser leurs potentialités (infrastructures, formation, main d'œuvre, fiscalité, cadre de vie, etc.) auprès d'entreprises caractérisées, au contraire, par leur très grande mobilité. De ce point de vue, la constitution et la multiplication de réseaux transnationaux de production représentent un facteur puissant d'intégration des économies et au-delà des sociétés nationales (cf. Partie IV, chap. 2).

Cependant, l'ampleur de cette mondialisation des réseaux de production doit être relativisée.

En effet, compte tenu de la prépondérance des investissements croisés entre pays industrialisés (plus des 3/4 du stock mondial d'IDE), la mondialisation de la production concerne pour l'essentiel les trois grands pôles de la triade, et plus particulièrement encore les pôles américain et européen, le Japon étant beaucoup moins ouvert. A l'heure actuelle, on assiste davantage à une sorte de « triadisation » de la production qu'à une véritable mondialisation.

Il n'empêche que les réseaux de production transnationaux tendent de plus en plus à se déployer en dehors des pays de la triade, à la recherche de nouveaux marchés et d'avantages concurrentiels (notamment – mais pas seulement – en termes de coûts de main d'œuvre). Comme on l'a vu précédemment, ce déploiement est très sélectif et ne concerne jusqu'à présent qu'une dizaine de pays. Il témoigne néanmoins d'une dynamique d'intégration transnationale appelée sans doute à se renforcer au fur et à mesure que d'autres Etats du Sud engagent une stratégie de développement industriel.

3. Les flux de personnes : les migrations internationales

Les migrations internationales désignent les déplacements d'individus (migrants ou réfugiés) d'un Etat à un autre, avec changement de lieu de résidence et de statut juridique. Dans la perspective d'une étude de la mondialisation, on peut y inclure les migrations touristiques à l'étranger dans la mesure où, en dépit de leur caractère temporaire, elles mettent également en contact des populations et des sociétés différentes.

Des migrations intercontinentales aux migrations Sud-Nord

D'une certaine manière, les déplacements de personnes à longue distance sont à l'origine de la mondialisation, que l'on pense aux marchands au long cours ou aux navigateurs explorateurs. Jusqu'au XIXe siècle, les migrations à longue distance (en dehors des phénomènes traditionnels de transhumance pastorale) resteront ainsi le fait d'une petite minorité d'individus privilégiés, diplomates, explorateurs ou commerçants.

En fait, ce n'est qu'à partir du milieu du XIXe siècle que les déplacements internationaux deviennent un phénomène massif, avec l'essor spectaculaire des migrations européennes, et contribuent ainsi puissamment au développement d'un espace de niveau mondial. Les courants migratoires européens se dirigent alors essentiellement vers les pays neufs, au premier rang desquels les Etats-Unis : de 1850 à 1914, près de 50 millions d'Européens quittent ainsi leur continent. Jusqu'à la Première Guerre mondiale, la liberté de migrer d'un Etat à l'autre est totale et le taux d'émigration (rapport du nombre de migrants et de la population mondiale) atteint alors, au début du XXe siècle, un maximum de 5 %.

L'entre-deux-guerres marque, de ce point de vue, une rupture avec la réduction du volume des flux et la mise en place de politiques d'accueil restrictives, comme les lois sur les quotas aux Etats-Unis dans les années 1920.

Après la Seconde Guerre mondiale, les mouvements internationaux reprennent de nouveau mais désormais en direction des pays les plus développés de la planète, y compris les Etats européens. L'essentiel des flux provient alors des pays en développement nouvellement indépendants. De 1950 à 1990, près de 50 millions de personnes ont quitté leur pays d'origine, dont 25 millions pour les Etats-Unis et plus de 10 millions pour l'Europe occidentale.

Depuis le milieu des années 1970, les flux migratoires connaissent un certain ralentissement avec de fortes variations cependant suivant leur nature et leur destination. En effet, si les migrations de travailleurs étrangers enregistrent une baisse de leur rythme de croissance à partir des années 1970, les flux de touristes et de réfugiés, en revanche, progressent très rapidement.

Ainsi, en ce qui concerne les réfugiés, c'est-à-dire des individus qui migrent pour des raisons essentiellement politiques, leur nombre passe de 2,4 millions en 1975 à 5,7 millions en 1980 pour atteindre plus de 18 millions en 1995 (selon le Haut commissariat aux réfugiés). De même, la croissance des flux de touristes étrangers apparaît exponentielle depuis les années 1960, avec 69 millions d'entrées par an en 1960, 176 millions en 1970, 443 millions en 1990 et 657 millions en 1999 (selon l'Organisation mondiale du tourisme).

Quant aux flux de migrants (dont les travailleurs étrangers), leur ralentissement concerne essentiellement les flux Sud-Nord et plus particulièrement les flux en direction de l'Europe occidentale – en dépit du mouvement compensateur de regroupement familial. Ce ralentissement peut d'ailleurs être relativisé si l'on considère que le nombre de migrants entrés en Amérique du Nord, en Australie et en Europe occidentale a plus que doublé depuis le début des années 1980.

Quoiqu'il en soit, depuis les années 1970, les flux de travailleurs obéissent de plus en plus à une logique Sud-Sud, en rapport avec l'enrichissement rapide des pays exportateurs de pétrole notamment. Ainsi, le nombre de travailleurs étrangers dans les pays arabes exportateurs de pétrole passe de 1,7 million en 1975 à plus de 7 millions à la fin des années 1990. Ces travailleurs proviennent, pour une moitié, d'autres pays arabes moins riches et plus peuplés (Egypte, Yémen, Jordanie) et pour l'autre de pays d'Asie (Inde, Pakistan et Philippines surtout).

Au total, à la fin des années 1990, la population migrante dans le Monde (touristes non compris) est estimée aux environs de 130 ou 150 millions de personnes (dont 15 millions de clandestins), soit 2 % de la population mondiale. Comparée à la situation au début du siècle, la tendance lourde des mouvements migratoires apparaît donc décroissante. Toutefois, par son extension à l'ensemble de la planète, le phénomène migratoire participe directement à la dynamique de mondialisation. C'est encore plus vrai dans le cas des migrations internationales du tourisme, mais selon une logique très différente.

Intégration et cloisonnement du système migratoire mondial

Le temps où les migrants quittaient par centaines de milliers leur terre natale pour aller s'installer dans d'autres pays ou d'autres continents semble aujourd'hui bien révolu. Cependant, les déplacements de personnes à longue distance constituent toujours, et même peut-être plus qu'au XIXe siècle, un facteur majeur du processus de mondialisation.

La mise en place d'un système migratoire mondialisé

Considéré au niveau de la planète, le système migratoire prend en effet un caractère de plus en plus mondialisé. Selon G. Simon[1], quatre grandes tendances contemporaines apparaissent significatives à cet égard.

Tout d'abord la tendance à la mondialisation générale des flux, ou plus précisément à l'extension mondiale des champs migratoires. A partir des années 1970, le recrutement des nouveaux migrants s'effectue de plus en plus en dehors des zones d'attraction habituelles. Ainsi, l'Europe occidentale reçoit-elle de plus en plus de migrants en provenance d'Afrique noire, d'Amérique latine et d'Asie. C'est le cas également en Amérique du Nord avec des flux grandissants en provenance d'Asie et d'Afrique, ainsi qu'en Australie, en Afrique du Sud et, comme nous l'avons vu précédemment, dans les pays arabes exportateurs de pétrole (où le recrutement est à dominante asiatique, surtout depuis la guerre du Golfe).

---

1. Simon G., *Géodynamique des migrations internationales dans le monde*, Paris, PUF, 1995.

Les migrations internationales dans le Monde

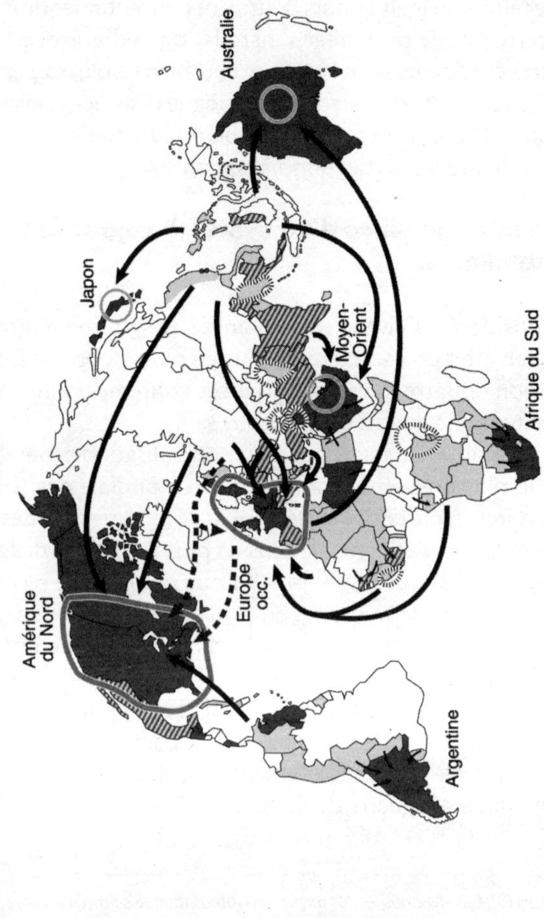

Source : d'après Gildas Simon, 2001.

Pôles de départ

- Pays à émigration forte (5 à 15% de la population en dehors du pays)
- Zones d'exode de réfugiés

Pôles d'accueil

- Pays d'immigration forte ou massive (plus de 5% d'immigrés dans la population totale)
- Pays de transit
- Carrefours majeurs d'immigration à forte mobilité des travailleurs
- Autres carrefours majeurs d'immigration

Flux de migrants

- Flux mondiaux de travailleurs très qualifiés (inter-Triade)
- Flux mondiaux de travailleurs qualifiés et non qualifiés
- Flux migratoires régionaux

Cette mondialisation des champs migratoires s'accompagne d'une polarisation croissante des flux autour de quatre grands ensembles régionaux : l'Amérique du Nord, l'Europe occidentale, les pays riches du Moyen-Orient et les nouvelles puissances industrielles d'Asie orientale. A partir de ces pôles s'élaborent des systèmes migratoires complexes de niveau continental ou même mondial, et fondés de plus en plus sur des réseaux ethniques transnationaux (comme les diasporas chinoise, indienne, maghrébine, libanaise, vietnamienne...).

Au sein de ces pôles d'accueil, les grandes agglomérations représentent les lieux majeurs d'attraction des migrants internationaux. Ainsi, assiste-t-on à la « cosmopolitisation » croissante de ces métropoles de niveau mondial. Aujourd'hui, les populations immigrées ou étrangères représentent en moyenne entre 15 et 30 % des habitants de ces métropoles : 16 % à Paris, 28 % à Bruxelles et à New York, plus de 30 % dans le comté de Los Angeles (d'après G. Simon).

Enfin, une dernière tendance révèle l'intensification et la généralisation des migrations de l'élite professionnelle de nombreux secteurs (finances, gestion, conseil, science, sport, mode, etc.) pourvue du pouvoir de « *manipuler les symboles* » selon les termes de R. Reich. Se met ainsi en place un véritable marché mondialisé des compétences où la compétition sur le plan de l'offre et de la demande est très vive. Ces flux de travailleurs très qualifiés s'effectuent essentiellement au sein des pays industrialisés, mais aussi, et de plus en plus, depuis des pays du Sud (Inde, Egypte, Pakistan) et d'Europe orientale (Russie, Bulgarie) vers les pays du Nord.

Le système migratoire mondial semble donc fonctionner de manière de plus en plus autonome. Il est de plus en plus déconnecté des logiques de liaison strictement nationales, fondées sur le couple traditionnel colonie/métropole.

Cependant, l'intégration mondiale croissante du système migratoire ne signifie pas pour autant que l'espace mondial de circulation devienne parfaitement fluide pour tous les individus.

Les migrations : le « refoulé de la mondialisation » ?

A l'inverse de la fin du XIXe siècle, celle du XXe est marquée par le renforcement du protectionnisme sur le plan migratoire, au Nord comme au Sud. Depuis le milieu des années 1970, comme le rappelle G. Simon[1], « *c'est la partie la plus nombreuse de l'humanité, la plus démunie qui est fortement invitée à rester où elle est, et qui se trouve, en quelque sorte, assignée à résidence. La multiplication des réglementations restrictives ou carrément fermées dans les pays riches, la complexité des parcours administratifs, sont destinés à dissuader les candidats au départ dans les pays du Sud et à les maintenir dans leur pays d'origine. Cette politique quasi générale au Nord tend à s'étendre aussi entre pays du Sud (...).* »

Or cette restriction de la liberté de circuler apparaît doublement contradictoire aujourd'hui. Elle l'est tout d'abord avec la mondialisation des flux d'informations, qui permet aux populations déshéritées du globe — en particulier à travers les images stéréotypées du bonheur matériel que véhicule la télévision — de connaître et d'envier la vie dans les pays développés. Une telle contradiction ne peut susciter que d'immenses frustrations et engendre d'ailleurs le développement et la mondialisation des migrations clandestines et la sophistication de leurs circuits.

---

1. Simon G., « La Planétarisation des migrations internationales », in *La Planète nomade*, Paris, Belin, 1998, p. 68.

Le contrôle des migrations est également contradictoire avec la dynamique d'intégration accrue des espaces les plus développés, y compris au plan des échanges de personnes. Cette contradiction peut apparaître alors comme une source d'injustice, « *comme si les 9/10e de l'humanité devaient êtres tenus à l'écart des bénéfices supposés de la mondialisation pour que celle-ci puisse pleinement accomplir son œuvre au profit du dixième restant.* » (P. Dewitte).

La mobilité des personnes, à l'exception des élites professionnelles, semble donc devoir représenter aujourd'hui le « *refoulé de la mondialisation* » (J. Adda), du moins dans sa version libérale. En effet, contrairement aux échanges de capitaux, de biens, de services ou d'informations, la libéralisation des flux de personnes n'est pas à l'ordre du jour. Or l'histoire économique montre bien que l'intégration économique d'un espace et la redistribution des activités qui l'accompagne induit nécessairement des déplacements de main-d'œuvre (comme l'exode rural au moment de l'unification des espaces économiques nationaux). Toute entrave à ces mouvements ne peut conduire qu'à des tensions sociales graves dont il convient de ne pas ignorer le risque, en particulier au niveau de la planète. Par conséquent, si l'ouverture en grand des frontières au niveau mondial semble irréaliste à court terme, il apparaît néanmoins urgent que les migrations internationales fassent l'objet de concertations et d'accords globaux, au même titre, par exemple, que l'organisation du commerce mondial ou que la protection de l'environnement.

Quoi qu'il en soit, comme on a pu le constater précédemment, l'absence de libéralisation des mouvements migratoires n'empêche pas leur mondialisation progressive, à un rythme certes moindre que les échanges de capitaux ou de marchandises. Le cas des migrants démontre ainsi clairement que la libéralisation des flux n'est pas une condition nécessaire à leur mondialisation ; elle n'en est qu'un accélérateur.

A noter

Mondialisation et inégal développement

La mondialisation de l'économie favorise-t-elle l'aggravation ou la réduction des déséquilibres de niveaux de vie entre nations ? Ou bien n'a t-elle que peu d'influence en la matière ?
Selon la thèse de la convergence, la mondialisation accélère le rattrapage des pays retardataires, dans la mesure où elle accroît la diffusion du progrès technique. D'autres économistes considèrent, au contraire, que la dynamique du progrès technique est endogène et cumulative au sein des pays les plus avancés. Les effets de diffusion liés à la mondialisation seraient donc limités.
Toutefois, un groupe restreint de pays en développement (les pays émergents) a amorcé à partir des années 1970 un véritable processus de rattrapage grâce à une croissance plus vive que dans les pays industrialisés, fondée sur leur intégration dans les circuits d'échanges mondiaux. On peut donc noter une certaine corrélation entre mondialisation et convergence, mais pour un groupe limité de pays. Si l'on considère l'ensemble des pays du Sud, les écarts de richesse par habitant avec les pays du Nord se sont accrus sur une longue période. Les écarts de revenus réels entre les 20 % les plus riches de la population mondiale et les 20 % les plus pauvres sont passés de 10 en 1900 à 30 en 1950 et 66 en 1998 (selon le PNUD). Ainsi, assiste-t-on au renforcement du dualisme entre richesse et pauvreté au niveau mondial.
D'ailleurs, l'observation des expériences passées d'unification d'espace économique (au plan national notamment) ne révèle aucune tendance spontanée à la réduction des déséquilibres spatiaux de richesse, et bien même au contraire. Et si un certain rééquilibrage a pu parfois se réaliser, c'est grâce à un fort volontarisme politique. Or celui-ci fait aujourd'hui totalement défaut à l'échelle mondiale.

La « mise en tourisme » du Monde

Si la mobilité des migrants est très largement contrôlée, celle des touristes est en revanche très largement favorisée. Jusqu'au milieu du XXe siècle, le tourisme à l'étranger est demeuré la pratique d'une élite restreinte de privilégiés. Il représente aujourd'hui un phénomène de masse impliquant des populations et des pays de plus en plus nombreux et éloignés les uns des autres. De ce point de vue, l'espace du tourisme apparaît de plus en plus mondialisé.

A l'instar des migrations définitives, plusieurs tendances actuelles sont significatives de cette mondialisation des mobilités touristiques.

La première tendance, c'est bien sûr la croissance spectaculaire du nombre de touristes étrangers au cours de la seconde moitié du XXe siècle : de 25 millions d'arrivées estimées en 1950 à 657 millions en 1999 (selon l'OMT), soit une multiplication par 26 en un demi-siècle. Dans le prolongement du rythme de croissance des deux dernières décennies (4 % par an en moyenne), l'OMT prévoit un total de touristes étrangers de 1,2 milliard en 2010 et de 1,6 milliard en 2020. Le tourisme à l'étranger tend donc à se généraliser, même si au niveau de la population mondiale il demeure une activité très minoritaire.

Cette croissance des flux touristiques est liée en partie à la multiplication des pays émetteurs, surtout depuis les années 1980 : Japon tout d'abord, puis dragons et tigres d'Asie ainsi que pays émergents d'Europe de l'Est et d'Amérique latine. La pratique du tourisme, née en Europe, se diffuse donc progressivement en dehors de son aire occidentale traditionnelle.

La mondialisation du tourisme s'effectue également sur le plan de l'offre, avec la multiplication de nouvelles destinations : la Chine, la péninsule indochinoise, Cuba, l'Afrique du Sud, l'Antarctique, etc. Désormais, la quasi-totalité des régions et des populations du Monde est exposée – de manière très variable bien sûr – au phénomène touristique et le « *no tourism land* » (P. Duhamel) apparaît de plus en plus limité aux espaces les plus instables politiquement : Angola, Zaïre, Soudan, Afghanistan, République centrafricaine ou Rwanda.

Cette extension de l'offre touristique s'accompagne de la montée des destinations du Sud : du sixième du total mondial des arrivées dans les années 1970 à près du tiers à la fin des années 1990. Mais cette progression générale est essentiellement le fait de l'Asie orientale (et de la Chine en particulier) qui totalise 80 % des gains d'arrivées enregistrés par les pays du Sud depuis 1980 et 13 % des arrivées aujourd'hui. Toutefois, les destinations traditionnelles d'Europe (Russie comprise) et d'Amérique du Nord dominent toujours très largement avec plus de 70 % des arrivées à la fin des années 1990.

Tableau 6 : Les dix premiers pays récepteurs de touristes internationaux (arrivées en millions) de 1970 à 2020

Rang	1970	1985	1998	Prév. 2020
1	Italie	France	France	Chine
2	Canada	Espagne	Etats-Unis	Etats-Unis
3	Espagne	Italie	Espagne	France
4	Etats-Unis	Etats-Unis	Italie	Espagne
5	Autriche	Autriche	Chine	Hong Kong
6	France	Royaume-Uni	Royaume-Uni	Italie
7	Allemagne	Canada	Mexique	Royaume-Uni
8	Yougoslavie	Allemagne	Pologne	Mexique
9	Royaume-Uni	Hongrie	Canada	Russie
10	Hongrie	Suisse	Autriche	Tchéquie
Total 10 pays	**93**	**183,5**	**315,5**	**709**
Total Monde	**169**	**327,5**	**635**	**1 600**
Soit (en %)	**55**	**56**	**49,6**	**44,3**

Source : Annuaire OMT.

Si la mondialisation du phénomène touristique est indéniable, il convient cependant de souligner le maintien de la prédominance des déplacements dans un rayon proche. Ainsi, la part des voyages inter-continentaux, bien qu'en progression constante, est toujours largement minoritaire avec 1/4 des flux. De même, près de 90 % des déplacements touristiques à l'étranger des Européens se font entre pays de la zone, tandis que les 2/3 des arrivées en Amérique du Nord sont issues du continent américain.

L'espace mondial du tourisme est, de ce point de vue, encore peu homogène. Il s'organise en fait en « bassins » disposés en auréoles autour des foyers émetteurs : les trois « Méditerranées » — euro-africaine, méso-américaine et du sud-est asiatique — représentant environ 42 % du flux mondial (G. Cazes)[1]. A l'instar des flux de marchandises, l'essor des migrations internationales du tourisme s'accompagne donc davantage, jusqu'à présent, d'une régionalisation des flux que d'une mondialisation proprement dite.

Cependant, même à un niveau continental, les effets du tourisme en matière de relativisation des identités traditionnelles, communautaires ou nationales sont puissants. La « mise en tourisme » croissante du Monde représente en effet une occasion de contact entre des populations parfois très éloignées culturellement ; contact qui peut s'avérer très déstabilisant pour une société fragile. Au-delà, cette mondialisation du tourisme s'accompagne d'une sorte de « patrimonialisation » du Monde à travers la protection et la valorisation (marchande) de sites naturels et culturels. De ce point de vue, le tourisme engendre un intérêt et un attachement pour des biens communs à l'humanité, au-delà de toute appartenance nationale. C'est en cela que la mobilité touristique contribue avant tout au processus de mise en place d'un espace de niveau mondial.

1. Cazes G., « Les mobilités touristiques internationales », in *La Planète nomade*, Paris, Belin, 1998, p. 83.

La mise en tourisme du Monde

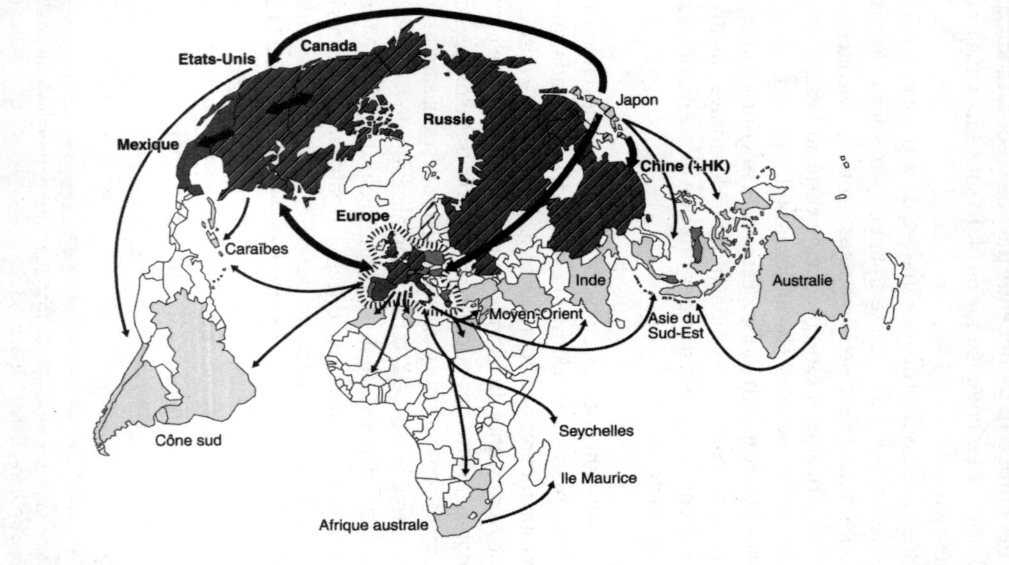

Source : Ogranisation Mondiale du Tourisme.

Vincent Baudrand, Olivier Vilaça / 2001

Les grands pôles touristiques (en 2000)

- Pays ayant reçu de 20 à 75,5 millions de touristes
- Pays ayant reçu de 10 à 20 millions de touristes
- Pays ayant reçu de 1 à 10 millions de touristes
- Grande zone de mobilité touristique

Les principaux pays émetteurs et les flux qu'ils génèrent

- Pays où les dépenses touristiques ont été supérieures à 6 milliards de dollars en 2000
- Flux touristiques majeurs
- Flux touristiques secondaires

Répartition régionale des arrivées internationales de touristes
(en pourcentage*)

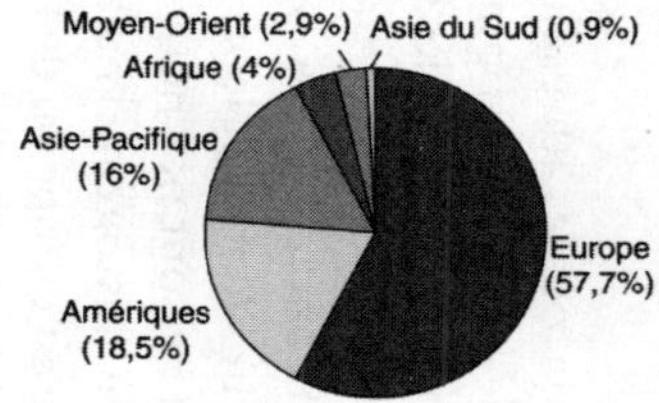

* sur un total 698,8 millions d'arrivées en 2000.

4. Les flux d'informations : la mondialisation culturelle

Plus sans doute que tous les autres flux, l'essor des flux d'informations à l'échelle mondiale est porteur de changements irréversibles dans le fonctionnement des sociétés humaines. Par la multiplication des échanges d'informations, celles-ci se trouvent en effet mises en contact et interrogées dans leurs fondements mêmes, sur leur identité et leurs valeurs. Ces contacts dans un cadre élargi ne sont pas nouveaux, ils se retrouvent même tout au long de l'histoire de l'humanité, depuis la diffusion du christianisme en Europe ou de l'Islam en Afrique et en Asie, jusqu'à la rencontre des sociétés amérindiennes avec l'Occident. Mais à l'heure actuelle, et même depuis la mainmise européenne sur le Monde au XIXe siècle, cette mise en relation des sociétés et des cultures a pris un caractère beaucoup plus généralisé et systématique. Aujourd'hui, toutes les sociétés sans aucune exception se trouvent intégrées — à des niveaux variables certes — dans un système de communication les obligeant à se situer par rapport aux autres.

L'extrême variété des flux d'informations

En suivant B. Badie, on peut définir les flux d'informations (ou flux culturels) transnationaux comme la diffusion de codes, de systèmes de signification, de nature religieuse, artistique, idéologique, linguistique, médiatique, etc. Dans cette acception, les flux d'informations se révèlent d'une très grande variété. Toute organisation ou individu (du dirigeant au touriste en passant par l'étudiant étranger) agissant en dehors de ses frontières nationales génère un flux d'information. Pour simplifier, on peut considérer trois grandes catégories de flux dont l'essor à l'échelle mondiale semble le plus marquant : ce sont les flux idéels (y compris les flux religieux), culturels et médiatiques (ou de communication). Bien sûr, les frontières entre ces trois catégories ne sont pas étanches.

Les flux idéels désignent tous les échanges d'idées relatifs à la connaissance scientifique, aux croyances religieuses et aux idéologies. Les flux religieux sont les premiers à connaître une expansion à grande distance avec, on l'a vu, la diffusion du christianisme depuis l'Europe occidentale jusqu'au cœur de la Chine, ou celle de l'Islam depuis l'Arabie jusqu'au Maroc à l'Ouest, les Philippines à l'Est et l'Afrique orientale au Sud. Les dernières décennies du XXe siècle sont marquées par un retour en force de ce type de flux, notamment sous une forme intégriste (courants islamistes, par exemple). Les flux transnationaux de connaissances scientifiques sont également anciens si l'on considère la redécouverte de philosophes grecs en Europe au Moyen Age par l'intermédiaire des Arabes. Ils figurent aujourd'hui parmi les plus mondialisés. Enfin, les flux de nature idéologique (libéralisme, socialisme, nationalisme, droits de l'homme, etc.) sont, par définition, plus récents, mais constituent indéniablement un élément d'unification fondamental de la communauté internationale, en particulier au cours de la seconde moitié du XXe siècle.

De leur côté, les flux culturels transnationaux relèvent à la fois des pratiques de la vie courante (dont la cuisine et l'habillement) et des créations artistiques.

Plus précisément, les flux artistiques rassemblent les échanges de biens culturels mobiles comme les produits musicaux, cinématographiques ou littéraires. Leur expansion rapide au niveau mondial s'amorce surtout après la Seconde Guerre mondiale avec le déferlement (en Europe et en Asie dans un premier temps) des produits culturels américains. Depuis, si la suprématie des Etats-Unis en la matière ne s'est pas démentie, on peut toutefois noter le succès mondial grandissant de produits non-américains comme le *reagge*, le *raï* (et la *world music* en général), les *mangas*, etc.

La diffusion mondiale de pratiques culinaires, vestimentaires ou autres, date également de la seconde moitié du XXe siècle, avec des réussites planétaires comme la cuisine chinoise et indienne, la pizza, le hamburger (et tous les produits à base de blé aux dépens des autres céréales), le Coca-Cola, le jean, etc.

Enfin, en ce qui concerne les flux médiatiques, ceux-ci correspondent aux échanges d'informations produits par les principaux médias que sont la télévision, la radio, la presse écrite et l'internet. Leur essor au niveau mondial date de la guerre du Vietnam, qui constitue, selon M. McLuhan, la première guerre retransmise en direct par la télévision. Au début des années 1990, la guerre du Golfe représente une étape supplémentaire avec la diffusion quasi planétaire d'images et d'informations en continu, dont la chaîne américaine CNN (*Cable News Network*) est la première et la meilleure expression. La retransmission en direct, par toutes les chaînes de télévision du Monde, des images des attentats aux Etats-Unis ne fait qu'accentuer cette intégration mondiale de l'espace médiatique et l'émergence d'une forme « d'opinion mondiale » (analyse développée en Partie IV).

Au total, tous ces flux ne cessent de se densifier et de se diversifier à l'échelle mondiale grâce, essentiellement, aux progrès spectaculaires des moyens de communication, et en particulier depuis les années 1980 avec l'avènement de la communication en réseaux alliant la téléphonie, l'informatique et l'image.

La concentration de l'offre mondiale d'information

Si les flux d'informations se mondialisent, leur répartition à la surface de la planète reste très déséquilibrée. Ce déséquilibre résulte en priorité de la concentration de l'offre d'informations au niveau mondial. En effet, tant au niveau idéel que médiatique et artistique, l'émission mondiale d'informations apparaît très largement concentrée sur les Etats-Unis. Précisons immédiatement que les Etats-Unis ne désignent pas ici l'acteur étatique mais l'ensemble de la société américaine constituée d'une multitude d'acteurs privés et publics dont l'immense majorité ne déploie pas de stratégie d'émission de flux culturels dans le Monde.

C'est avant tout pour les flux artistiques (ou ce qu'il convient plutôt de nommer ici « *les industries de divertissement* »), que la prédominance de l'offre des Etats-Unis est la plus manifeste. Ainsi, les productions musicales et cinématographiques américaines connaissent une véritable diffusion planétaire, et près de 75 % des images projetées dans le Monde sont d'origine américaine. Le film *Titanic*, par exemple, a constitué le plus grand succès historique de l'industrie cinématographique américaine à l'étranger avec 1,8 milliard de dollars de bénéfices dont les 2/3 à l'étranger. Le succès de ces productions artistiques favorise ensuite la diffusion de certains éléments du mode de vie américain qu'ils soient vestimentaires (jeans), culinaires (*fast-foods*) ou festifs (*Halloween*).

La position des Etats-Unis est également dominante pour les flux d'information médiatique. Le pays dispose de groupes de communication de dimension mondiale comme l'Associated Press (première agence de presse dans le Monde), le groupe de Ruppert Murdoch (la 20th Century Fox, le *Times*, le *Sun*...) ou le conglomérat AOL-Time-Warner (intégrant CNN). De même, le réseau internet est largement dominé par les Etats-Unis, qui comptent plus de la moitié des 153 millions d'internautes dans le Monde en 1999 et disposent de la grande majorité des serveurs sécurisés dans le Monde.

Répartition régionale des serveurs sécurisés

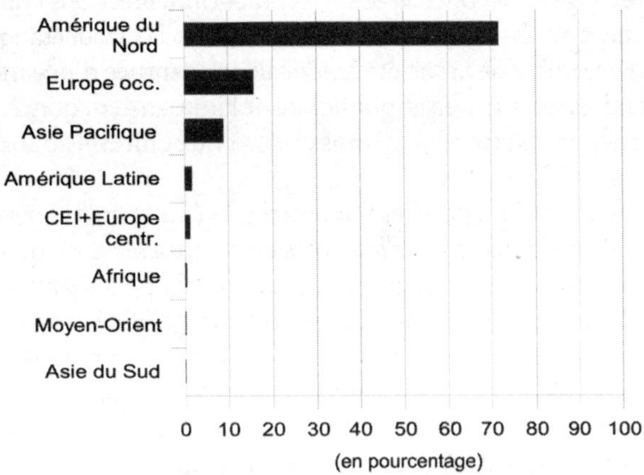

Les serveurs sécurisés permettent de crypter les informations qui transitent par leur intermédiaire. Ils offrent une sécurité plus importante aux utilisateurs d'internet pour l'acheminement d'informations confidentielles et notamment pour les transactions commerciales. Ils représentent donc un enjeu essentiel dans le développement d'internet. On retiendra également qu'un site français peut très bien être hébergé sur un serveur sécurisé situé aux Etats-Unis.

Enfin, l'influence des Etats-Unis est inégalée au plan idéologique et scientifique. Ce pays constitue tout d'abord, indéniablement, le moteur de la recherche fondamentale au plan international, ainsi que l'atteste le nombre de Prix Nobel scientifiques (chimie, physique, physiologie et médecine) qui leur ont été attribués entre 1946 et 1995 : 179 sur 291. Cette suprématie est encore plus marquée dans la recherche économique.

Surtout, et c'est là sans doute le fondement de l'influence américaine dans le Monde, « *le modèle américain a une portée révolutionnaire et libératrice pour des millions d'êtres humains* (...). *L'affirmation de la primauté de l'individu, acteur à la fois politique et économique, est, pour beaucoup d'élites enfermées dans les structures parfois oppressantes des "communautés de mémoires" dans lesquelles elles ont grandi, un puissant message de libération.* » (J.-M. Guéhenno). Il s'agit sans doute là du flux d'information le plus intégrateur au niveau mondial, dans la mesure où il s'accompagne du développement d'une vaste classe moyenne transnationale partageant les mêmes goûts et les mêmes aspirations en matière de réussite individuelle et matérielle[1].

Face à cette suprématie américaine, les autres pôles de création informationnelle à vocation mondiale font pâle figure, avec une influence cantonnée le plus souvent à un cadre régional. C'est le cas du Brésil avec les feuilletons de la télévision Globo, de l'Inde, de l'Egypte, d'Hong Kong ou de la France pour le cinéma (ainsi que le Japon pour les dessins animés) ou encore des Caraïbes, de l'Afrique du Nord, de la Turquie ou de l'Europe occidentale pour la musique.

1. Guéhenno J.-M., « Américanisation du monde ou mondialisation de l'Amérique ? », *Politique étrangère*, n° 1, 1999, p. 12.

Par ailleurs, à la suite des géants américains, d'autres groupes de communication cherchent à déployer leurs activités au niveau mondial (tel est le cas des groupes européens Bertelsmann ou Vivendi-Universal) ; mais ils restent encore peu nombreux.

De fait, c'est sans doute au niveau des pratiques culturelles, et plus particulièrement au plan religieux, que l'influence américaine semble la moins manifeste. Ici, ce sont les religions instituées à vocation universelle, comme l'Eglise catholique ou l'Islam, qui apparaissent les plus actives et les plus influentes.

Quoi qu'il en soit, si l'omniprésence de l'influence américaine sur l'espace mondial de l'information est indéniable, celle-ci n'est pourtant pas synonyme d'uniformisation culturelle dans la mesure où, comme le montrent les travaux d'anthropologues, les sociétés locales se réapproprient les produits culturels qu'elles reçoivent.

Vers une américanisation du Monde ?

L'une des manifestations les plus médiatisées de la mondialisation réside dans ses conséquences supposées en matière culturelle : la mondialisation s'accompagnerait d'une uniformisation culturelle du Monde avec la dilution des cultures locales dans une culturelle universelle. Ainsi que nous allons le voir, cette association est très simplificatrice et ignore les évolutions contraires observées localement jusqu'à présent.

Homogénéisation *versus* différenciation

L'ouverture, la mobilité, le brassage, notamment au niveau mondial, ont des effets à la fois homogénéisateurs et différenciateurs.

D'un côté, par rapport à la situation du Monde à la fin du XVIIIe siècle, certaines formes d'homogénéisation sont indéniables : citons la généralisation du mode de production capitaliste ou de l'encadrement étatique, la disparition de milliers de dialectes au profit de quelques grandes langues (chinois mandarin, anglais, arabe, espagnol, etc.) ou encore la diffusion du sport moderne aux dépens des jeux traditionnels.

De l'autre côté, cette uniformisation est très largement compensée par des formes de différenciation. Celles-ci obéissent à deux grandes logiques.

Une logique de « fragmentation » tout d'abord, liée aux réactions (de résistance ou de rejet) des sociétés à la pression du modèle sociétal occidental et se manifestant par des phénomènes d'exacerbation identitaires (islamistes et hindouistes notamment) procédant par réinvention de la tradition. L'observation de ces phénomènes de fragmentation a conduit certains auteurs comme S. P. Huntington à envisager la forte probabilité d'un affrontement mondial des civilisations[1], en particulier entre l'Occident et l'Islam. Si les attentats islamistes aux Etats-Unis, le 11 septembre 2001, semblent venir confirmer cette thèse – contredite cependant par la guerre du Kosovo (mars-juin 1999), où les occidentaux sont intervenus pour soutenir des musulmans – il convient de la considérer avec prudence dans la mesure où elle est fondée sur une conception figée

1. Huntington S. P., « The Clash of Civilizations ? », *Foreign Affairs*, vol. 72, n° 3, été 1993.

et politisée des identités culturelles, tout à fait contestable historiquement. Surtout, une telle vision des civilisations est de moins en moins pertinente aujourd'hui, dans la mesure où elle se réfère à une période de l'histoire de l'humanité marquée par un très fort cloisonnement culturel au niveau mondial et donc de peur et de rejet de l'Autre. Or l'une des manifestations essentielles de la mondialisation réside dans la mise en contact et en comparaison permanente des sociétés et des civilisations. D'où le renouvellement de leurs significations et de leurs différences.

On aborde ici la seconde logique de différenciation, qui procède par appropriation active ou « internalisation » (et non par simple imitation) des modèles culturels, économiques et politiques dominants. En effet, comme tout espace de communication, l'espace mondial de l'information obéit à un modèle interactif de communication liant un émetteur et un récepteur (au moins). Interactif, c'est-à-dire que le récepteur du message est aussi actif que l'émetteur. Ainsi, tout produit culturel, une fois reçu par une société réceptrice donnée, est décodé, recodé, domestiqué et réapproprié par l'intermédiaire de médiateurs comme la famille, les leaders politiques, les intellectuels, les Eglises, l'école, les communautés, etc. (J.-P. Warnier). L'afflux d'informations transnationales s'accompagne donc de leur recontextualisation culturelle au sein des sociétés locales. D'où la multiplication des formes de capitalisme, d'Etat, ou de pratique de football, et le renouvellement des identités culturelles en fonction d'un processus de décomposition / recomposition permanent.

Ainsi, à l'instar des nations européennes qui se sont diversifiées et enrichies culturellement en se construisant et en s'unifiant, l'espace mondial se complexifie en s'intégrant à son tour aujourd'hui.

Qu'est-ce que la culture ?

En réalité, le débat actuel sur les risques d'homogénéisation culturelle (sinon d'américanisation) du Monde, semble un faux débat, largement inscrit dans les angoisses de l'imaginaire et qui se nourrit en particulier du flou qui entoure la notion de « culture ». En effet, comme le montre P. d'Iribarne, suivant l'acception que l'on retient du terme « culture », les conséquences de la mondialisation en matière culturelle sont très différentes.

Ainsi, si l'on désigne par culture tout ce qui relève du « folklore » (croyances, rites, musique, art, cuisine...), la mondialisation a un effet uniformisateur indéniable, même si elle rencontre des résistances dans certains pays. En revanche, si la culture renvoie à la notion d'identité, la mondialisation a pour conséquence une exacerbation de celle-ci. Enfin, si l'on considère la culture comme « *l'expression d'une vision commune des règles du vivre ensemble* »[1], autrement dit comme un ensemble de repères et de manières de donner du sens, la mondialisation semble alors avoir peu d'effet en matière de réduction des différences culturelles.

Au total, il ne faut pas confondre la mise à disposition mondiale d'informations (de toute nature) avec leur utilisation, ni même leur emploi éventuel avec l'existence d'une culture commune. L'humanité constitue en effet, selon les mots de J.-P. Warnier, « *une machine à fabriquer de la différence* ». Et de ce point de vue, en multipliant les occasions de contacts et d'échanges entre sociétés différentes, et donc du même coup les possibilités de recomposition culturelle, la mondialisation s'accompagne, du moins jusqu'à présent, d'une diversification croissante des pratiques culturelles.

---

1. Iribarne P., « Le Management : une affaire de cultures politiques », *Sciences Humaines*, n° 110, nov. 2000, p. 44-45.

Partie IV

Les acteurs de la mondialisation

Comme toute production sociale, la mondialisation est le fait d'acteurs. Un acteur correspond à une entité sociale (personne physique ou morale, privée ou publique, individuelle ou collective) dotée de la capacité d'élaborer, d'exprimer et de traduire en acte des intentions (P. Moreau Defarges). Les acteurs de la mondialisation sont donc ceux qui disposent de cette capacité à l'échelle du Monde : des compétences d'ailleurs variables et variées suivant les acteurs.

En effet, longtemps acteur quasi-exclusif de la scène mondiale ou internationale – au point de lui inspirer son nom – l'Etat voit son rôle de plus en plus relativisé par l'autonomisation croissante de nouveaux acteurs, étatiques ou non. Ainsi, il est désormais possible de distinguer trois grands types d'acteurs en fonction de la nature et de l'importance de leur rôle au niveau mondial[1] :

- les acteurs étatiques : Etats et organisations internationales (OI) ;
- les firmes transnationales ou multinationales (FMN) ;
- les forces transnationales (à but non-lucratif) : organisations non-gouvernementales (ONG), individus et réseaux en tout genre ;

Le rôle des acteurs sera présenté ici successivement par souci de clarté. Cependant, il est clair que c'est l'interaction de ces stratégies d'action différentes, souvent contradictoires, qui produit la mondialisation.

---

1. Merle M., *Bilan des relations internationales contemporaines*, Paris, Economica, 1995.

1. Les acteurs étatiques

Les acteurs étatiques sont constitués des Etats et des groupements d'Etats au sein d'organisations internationales. Ces acteurs entretiennent des relations codifiées et contrôlées, négociées par des professionnels et alimentant les droits internationaux.

Les Etats

Les Etats se sont imposés à partir du milieu du XVIIe siècle — avec le traité de Westphalie en 1648 qui officialisent les principes de territorialité et de souveraineté aux dépens du modèle impérial — comme les intervenants privilégiés sur la scène mondiale. Egaux par leur statut juridique, en tant que sujets de droit, les Etats sont au contraire profondément inégaux par leur capacité d'action.

Unité juridique et disparité de puissance des Etats

L'Etat est une forme particulière d'organisation politique de la société dont l'invention est relativement récente à l'échelle de l'histoire de l'humanité. Né en Europe au XIIe siècle pour appuyer l'autorité des Princes face aux prétentions de l'Eglise et de l'Empire romain germanique, il se concrétise au XVIe siècle avec l'Etat princier et atteint sa maturité au XVIIIe siècle sous la forme de l'Etat-nation avant de se diffuser dans le monde dans les deux siècles suivants. Désormais, l'ensemble des terres émergées (à l'exception de l'Antarctique) est divisé en unités étatiques.

Trois éléments déterminent l'existence d'un Etat :

- un territoire aux limites (frontières) relativement fixes délimitant l'aire d'exercice des compétences gouvernementales ;
- une population (nationale ou étrangère) dont le gouvernement a la charge ;
- un pouvoir politique (gouvernement et administration) relativement stable, responsable des principales fonctions étatiques.

A partir du moment où ces trois éléments constitutifs sont réunis, un Etat est considéré souverain, c'est-à-dire que :

- au plan interne, il a le pouvoir de commander et de décider en dernier ressort : il dispose du « *monopole de la violence légitime* » (M. Weber) ;
- au plan externe, il n'est soumis sans son consentement à aucune autorité lui imposant une contrainte.

La souveraineté est le fondement juridique des compétences de l'Etat et l'indépendance en est la traduction politique. C'est cette souveraineté qui fonde la puissance et la légitimité des Etats comme acteurs.

Pour réaliser ses missions, l'Etat dispose d'instruments dont il a le monopole : l'armée, la police, la justice, la diplomatie, la levée de l'impôt, la législation ou l'application des lois. Pour assurer sa reconnaissance, à la fois interne et externe, il a des symboles et des signes : un drapeau, un hymne national ou une monnaie.

Au-delà de ces caractéristiques abstraites communes, le monde des Etats est marqué par une profonde hétérogénéité. Ainsi, les Etats diffèrent-ils par leur nature institutionnelle (démocratique ou autoritaire, républicain ou monarchique, laïc ou confessionnel, unitaire ou fédéral) ou par leur degré de cohésion interne (des situations d'anarchie comme dans l'ex-Zaïre aux situations établies depuis plusieurs siècles comme en Suisse).

Surtout, les Etats diffèrent par leur niveau de puissance, qu'il s'agisse de la taille du territoire, du volume de la population, du poids économique ou des capacités technologiques et militaires. Ainsi, cinq Etats approchent ou dépassent la dizaine de millions de km^2 (Russie, Canada, Chine, Etats-Unis et Brésil), mais une quarantaine ne dépassent pas 10 000 km^2. De même, deux Etats (la Chine et l'Inde) rassemblent à eux seuls près de 40 % de la population mondiale, tandis que plus du quart des Etats en représente seulement 1 %. Au plan économique, trois Etats (les Etats-Unis, le Japon et l'Allemagne) contribuent pour plus de la moitié au PNB mondial, contre à peine 3 % pour une quarantaine d'Etats (les PMA : pays les moins avancés). Les contrastes en matière de capacités technologiques et militaires apparaissent encore plus prononcés, et sont largement au profit des Etats-Unis qui regroupent 44 % des chercheurs engagés dans la recherche-développement des pays membres de l'OCDE et consacrent à leur défense autant de moyens financiers que la Russie, le Japon, la France, la Grande-Bretagne et l'Allemagne réunis.

L'inégale capacité d'action des Etats au niveau mondial

Ainsi, l'unité du statut juridique de l'Etat apparaît-elle pour le moins fictive : tous les Etats n'ont pas — loin s'en faut — la même capacité d'action au niveau mondial.

En l'occurrence, l'Etat américain se distingue radicalement de tous les autres pays par l'intégralité (inégalée) de sa puissance qui lui permet de peser considérablement sur la dynamique de mondialisation. Que se soit au plan commercial, financier ou culturel, les Etats-Unis contribuent très largement à l'ouverture et à l'intégration des espaces nationaux. Les exemples de l'influence du gouvernement et de l'administration des Etats-Unis sont légions, par exemple :

- dans la diffusion de l'idéologie néo-libérale, après l'arrivée au pouvoir de R. Reagan ;
- dans la libéralisation des échanges mondiaux (en particulier pour les produits agricoles et les services) ;
- dans l'augmentation spectaculaire du trafic à partir des années 1980, suite à la déréglementation du marché aérien américain en 1978 qui déclencha une véritable guerre des prix se propageant au reste du monde ;
- dans le déroulement des recherches qui ont conduit au développement de l'internet ; etc.

Comparés aux Etats-Unis, les autres Etats, pris individuellement, participent de manière beaucoup plus modeste au processus de mondialisation.

Certains Etats favorisent ainsi localement la mondialisation en adoptant une stratégie de coopération régionale pour peser davantage économiquement et politiquement. C'est le cas en particulier des pays européens dans le cadre de la Communauté européenne et des pays latino-américains du cône sud avec le Mercosur.

D'autres Etats, au contraire, comptent davantage sur leur propre force en se transformant en « pays atelier » pour les FMN (cas des NPI dont la Chine) ou en recourant à une stratégie de « parasite » leur permettant de s'intégrer à des circuits mondiaux rémunérateurs. C'est le cas des paradis fiscaux et des pavillons de complaisance ainsi que des Etats participant au commerce illicite et au narcotrafic en particulier (Afghanistan, Birmanie, Bolivie, Colombie, Nigéria, Maroc, etc.).

Enfin, une dernière forme de contribution étatique à la mondialisation — non exclusive des précédentes — correspond à la stratégie « *missionnaire* » (M. Merle) des Etats cultivant une aspiration universelle. Ce fut le cas des puissances coloniales européennes au XIXe siècle ou de l'Union soviétique et des Etats-Unis dans la seconde moitié du XXe siècle. C'est toujours le cas aujourd'hui, dans une certaine mesure, des principales puissances militaires actuelles (Etats-Unis, Russie, Chine, Inde, France ou Grande-Bretagne), mais aussi et surtout d'Etats islamiques tels que l'Iran, l'Arabie saoudite, le Pakistan, la Libye ou le Soudan.

Toutefois, si les Etats participent pleinement à la mondialisation, c'est avant tout en tant que communautés internationales plus ou moins unifiées : les Etats sont en effet les régulateurs de cette dynamique d'intégration de l'espace mondial grâce à leur coopération croissante dans le cadre d'organisations internationales.

Les organisations internationales

Une organisation internationale ou intergouvernementale (OI) est « *une structure de coopération interétatique, une association d'Etats souverains poursuivant des buts d'intérêt commun au moyen d'organes autonomes* » (D. Colard). Leur apparition date du début du XIXe siècle, en phase avec la multiplication et la technicisation croissante des relations internationales. Leur développement spectaculaire depuis 1945 tend à leur donner un rôle distinct des Etats en tant qu'agents potentiels d'intégration politique et économique au niveau mondial.

Le besoin croissant de coopération interétatique

La création des OI répond au besoin croissant des Etats d'institutionnaliser leur coopération afin de gérer des problèmes communs. De ce point de vue, le développement des OI traduit et accompagne la densification des relations au-delà des frontières nationales.

Ainsi, les premières OI sont créées au XIXe siècle afin de faire face à des questions techniques que la diplomatie traditionnelle n'est plus en mesure de maîtriser. Il s'agit d'abord des Commissions fluviales internationales, dès 1815, puis, dans la seconde moitié du siècle, des unions administratives dans les communications (Union télégraphique, Union postale universelle et Union des chemins de fer) et dans le domaine de la coopération scientifique (Bureau international des poids et mesure, Union météorologique internationale et Union pour la protection de la propriété industrielle).

Après le choc de la Première Guerre mondiale, à la coopération technique et scientifique s'ajoute une volonté de coopération politique en vue de prévenir et de résoudre les conflits avec la création de la Société des Nations (SDN) en 1919. En dépit de son échec, cet effort est repris et systématisé à la suite du second conflit mondial, dans le cadre de l'Organisation des Nations unies créée en 1945. L'ONU est la première organisation universelle, envisageant l'interdépendance entre la paix, l'économie et les domaines techniques à travers l'action d'une quinzaine d'institutions dites « spécialisées » dont l'Organisation internationale du travail (OIT), l'Organisation mondiale de la santé (OMS), l'Organisation pour l'alimentation et l'agriculture (FAO), etc.

Depuis 1945, parallèlement au « système des Nations unies », les OI se sont multipliées et l'on en compte aujourd'hui plus de 300 (contre 37 en 1909) au champ d'action mondial (environ 80) ou régional (environ 230) et à compétence générale ou spécifique :

- OI à vocation universelle et à compétence générale : ONU ;
- OI à vocation universelle et à compétence spécifique : organisations spécialisées de l'ONU, institutions financières de Bretton Woods (FMI, BM et BRI) et OMC ;
- OI à vocation régionale et à compétence générale : UE, ASEAN, OUA, OEA, Ligue arabe, etc. ;
- OI à vocation régionale et à compétence spécifique : Alena, Mercosur, Opep, OCDE, Otan, etc.

Par ailleurs, il convient de noter l'existence de coopération étatique dans un cadre plus informel qu'une OI, comme le Gatt (avant sa transformation en OI en 1995 avec l'OMC), l'OSCE et surtout le G8.

Si toutes ces OI demeurent très largement sous le contrôle de leurs créateurs, en particulier grâce à leurs contributions financières – à l'exception notable de l'Union européenne en tant qu'OI d'intégration et non pas seulement de coopération – leur développement rapide au cours de la seconde moitié du XXe siècle traduit l'émergence d'une nouvelle forme d'action politique adaptée à un monde de plus en plus interdépendant.

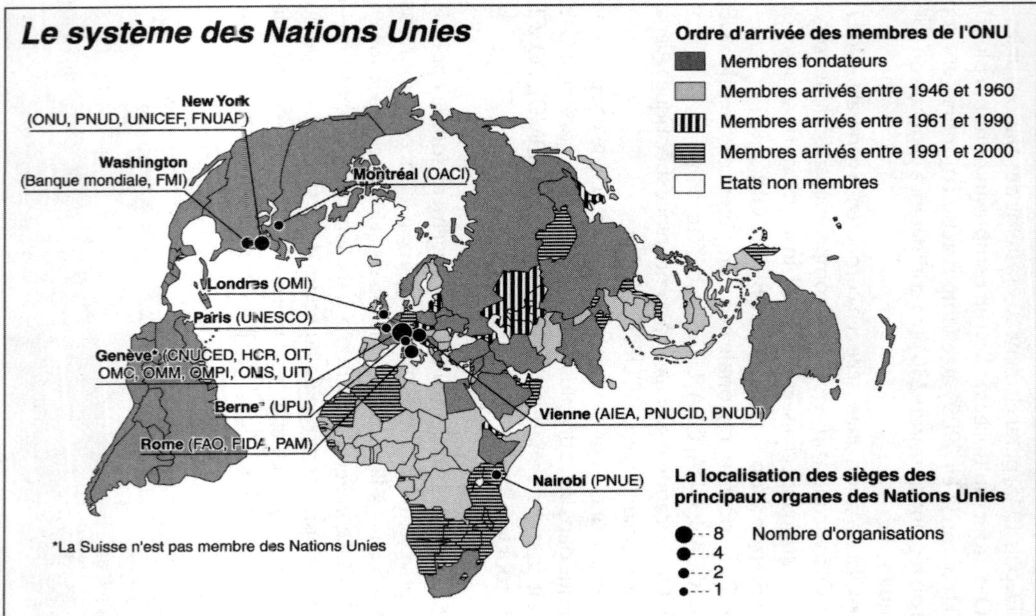

Sources : ONU et FAO.

Liste des abréviations

Programmes et fonds

CNUCED : Conférence des Nations Unies sur le commerce et le développement
FNUAP : Fonds des Nations Unies pour la population
HCR : Haut Commissariat des Nations Unies pour les réfugiés
PAM : Programme alimentaire mondial
PNUCID : Programme des Nations Unies pour le contrôle international des drogues
PNUD : Programme des Nations Unies pour le développement
UNEP : Programme des Nations Unies pour l'environnement
UNICEF : Fonds des Nations Unies pour l'enfance

Institutions spécialisées

Banque mondiale
FAO : Organisation des Nations Unies pour l'alimentation et l'agriculture
FIDA : Fonds international de développement agricole
FMI : Fonds monétaire international
OACI : Organisation de l'aviation civile internationale
OMI : Organisation maritime internationale
OIT : Organisation internationale du travail
OMM : Organisation météorologique mondiale
OMPI : Organisation mondiale de la propriété intellectuelle
OMS : Organisation mondiale de la santé
ONUDI : Organisation des Nations Unies pour le développement industriel
UNESCO : Organisation des Nations Unies pour l'éducation, la science et la culture
UIT : Union internationale des télécommunications
UPU : Union postale universelle

Organes apparentés

AIEA : Agence internationale de l'énergie atomique
OMC : Organisation mondiale du commerce

Progression du nombre d'Etats membres à l'ONU de 1945 à 2000

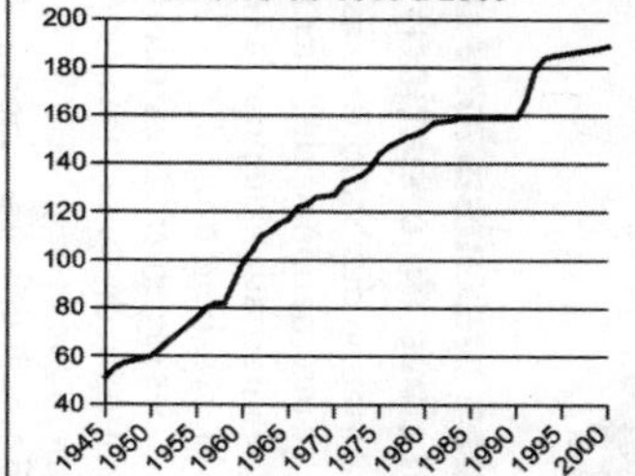

À noter

Principales organisations universelles (siège et date de création)

ONU : Organisation des Nations unies, New York, 1945.
AIEA : Agence internationale de l'énergie atomique, Vienne, 1957.
Bird : Banque internationale pour la reconstruction et le développement, 1944, Washington.
BRI : Banque des règlements internationaux, Bâle, 1930.
FAO : Organisation des Nations unies pour l'alimentation et l'agriculture, Rome, 1945.
FMI : Fonds monétaire international, Washington, 1944.
Intelsat : Organisation internationale de télécommunications par satellites, Washington, 1971.
OACI : Organisation de l'aviation civile internationale, Montréal, 1947.
OIPC (Interpol) : Organisation internationale de police criminelle, Lyon, 1956.
OIT : Organisation internationale du travail, Genève, 1919.
OMC : Organisation mondiale du commerce, Genève, 1995 (succède au Gatt, Accord général sur les tarifs douaniers et le commerce, Genève, 1948).
OMI : Organisation maritime internationale, Londres, 1958.
OMM : Organisation météorologique internationale, Berne, 1873.
OMPI : Organisation mondiale de la propriété intellectuelle, Genève, 1883.
OMS : Organisation mondiale de la santé, Genève, 1948.
UIT : Union internationale des télécommunications, Genève, 1865.
Unesco : Organisation des Nations unies pour l'éducation, la science et la culture, Paris, 1946.
Unicef : Fonds des Nations unies pour l'enfance, New York, 1953.
UPU : Union postale universelle, Berne, 1875.

Les OI : embryon d'un gouvernement mondial ?

A l'heure actuelle, les OI ne peuvent prétendre constituer des acteurs à part entière, au même titre que les Etats. Au mieux, elles représentent des acteurs secondaires, relais des impulsions fournies par les Etats (M. Merle).

Cependant, si l'on cherche à repérer les indices d'une augmentation d'échelle de diverses réalités sociales, notamment politiques, les OI peuvent alors être envisagées comme un moteur potentiel, de plus en plus autonome, d'intégration politique au niveau mondial.

En effet, les OI constituent, selon P.-F. Gonidec, « *un cadre permanent où les Etats peuvent confronter leurs conceptions, un forum international où les intérêts divergents des Etats peuvent s'exprimer, un instrument destiné à faciliter la coopération entre des Etats demeurés pleinement souverains* ».

Dans ce sens, les OI influencent de plusieurs manières la communauté des Etats. M. Lefebvre distingue cinq types d'effets[1] :

- un effet de transparence dans la mesure où, en tant que membre d'une OI, un Etat est amené à rendre compte à ses partenaires de la politique qu'il suit. Les OI favorisent donc le passage – encore très formel certes – de la diplomatie bilatérale et secrète traditionnelle à une diplomatie multilatérale ;
- un effet stabilisateur, les OI favorisant le respect des droits de propriété (au niveau de l'espace maritime et aérien, de production intellectuelle, etc.) ou le règlement pacifique des éventuels conflits d'intérêts ;

1. Lefebvre M., *Le Jeu du droit et de la puissance*, PUF, 1997.

- un effet légitimateur, les OI apportant, le cas échéant, une caution collective (multilatérale) à une revendication ou une action (notamment militaire) particulières, qui, à défaut, seraient moins bien acceptées ;
- un effet normateur, avec la production de normes politiques (valeurs), juridiques (instances de règlement juridictionnel) et techniques (statistiques et mesures harmonisées) ;
- un effet de coopération en facilitant les prises de contact direct et en substituant l'action commune à l'action individuelle des Etats.

Ainsi, à défaut d'être souveraines et indépendantes, les OI exercent néanmoins un effet structurant indéniable sur la communauté internationale dans la mesure où elles contribuent à « multilatéraliser » la politique des Etats. En diluant la volonté de puissance des Etats, en privilégiant la concertation sur la confrontation, et surtout en habituant les élites gouvernementales à gérer leurs affaires ensemble de manière transnationale, cette multilatéralisation de la politique représente un premier pas vers une intégration plus poussée et, à terme, peut-être, une forme inédite de gouvernance mondiale.

Or l'ébauche d'une politique mondiale apparaît de plus en plus nécessaire du fait de la multiplication des problèmes se posant immédiatement au niveau planétaire : environnement, épidémie, inégal développement, armement, drogue, terrorisme, etc. Comme toutes les autres réalités sociales, les problèmes de société, eux aussi, se mondialisent. Désormais, les questions de sécurité ne peuvent plus se penser à un niveau strictement national. Les Etats-Unis en ont fait la dramatique expérience avec les attentats du 11 septembre 2001 qui les ont touchés au cœur de leur territoire, alors que les autorités considéraient ce dernier comme inviolable et se sentaient donc peu concernées par la menace terroriste.

La gestion des risques globaux appelle donc une coopération toujours plus poussée des Etats mais aussi des autres acteurs de la scène mondiale au fur et à mesure de leur montée en puissance. Jusqu'à présent, c'est sans conteste à travers la question de la « sécurité environnementale » que s'expriment le mieux les difficultés et les progrès de la mondialisation du politique.

A noter

La « sécurité environnementale » : esquisse d'une gestion mondialisée

Depuis le début des années 1980, la dégradation rapide des éléments fondamentaux de la biosphère (air, eau, sol, diversité génétique, etc.) s'impose comme une menace nouvelle et planétaire pesant sur les conditions mêmes de la vie sur Terre. Ainsi, en 1982, l'Assemblée générale des Nations unies adopte la Charte mondiale de la nature : « *Toute forme de vie est unique et mérite d'être respectée, quelle que soit son utilité pour l'homme* ». Surtout, en 1992, se tient la première conférence mondiale sur l'environnement, rassemblant à Rio de Janeiro 178 pays et 30 000 participants, dont 103 chefs d'Etat ou de gouvernement, ainsi que plusieurs centaines d'entreprises et d'ONG. Ce Sommet de la Terre consacre la prise de conscience mondiale du risque écologique qui devient dès lors une préoccupation diplomatique majeure exigeant un traitement au plus haut niveau politique. Une dégradation en particulier est au centre de ces nouvelles négociations : le réchauffement climatique dû à l'effet de serre.

Les conférences mondiales sur le climat de Kyoto en 1997, La Haye en 2000 et Bonn en 2001 montrent les difficultés de la mise en place d'une gestion mondialisée d'un « bien commun de l'humanité » pourtant menacé. En effet, une telle gestion impose de sortir de l'approche classique de la sécurité nationale pour adopter une vision plus large, envisageant l'intérêt du genre humain. Or les Etats sont pour le moins réticents à assumer ce basculement qui remettrait en

question les fondements de leur souveraineté au nom des intérêts supérieurs de la planète. Réticence d'autant plus grande que l'appréhension précise du risque est malaisée et que, si la menace est effectivement planétaire, ses effets eux seront localisés et différenciés. En dépit de ces obstacles, une avancée décisive a été réalisée à la conférence de Bonn en juillet 2001, avec la signature d'un accord sur l'application du protocole de Kyoto à travers lequel les Etats participants s'engagent à réduire ou à contrôler leurs émissions de gaz à effet de serre sur la période 2008-2012. Cet accord ouvre ainsi la mise en œuvre pratique de la lutte contre le changement climatique en esquissant un instrument juridique international nouveau, apte à juger les infractions aux règles environnementales d'intérêts général. A ce titre, il s'agit d'un accord historique qui concrétise l'ambition d'une gestion multilatérale des problèmes planétaires. A l'heure actuelle, sa portée réelle demeure cependant limitée, dans la mesure où il n'engage pas trois des Etats les plus pollueurs de la planète : les Etats-Unis, la Chine et l'Inde.
Le Sommet de la Terre II à Johannesburg en septembre 2002 permettra d'évaluer les avancées en la matière.

De même qu'à l'échelle d'une nation, le développement du politique au niveau mondial exige la définition préalable d'un projet commun en fonction d'un intérêt commun. Or, comme l'illustrent les négociations sur l'environnement, l'affirmation d'un intérêt mondial transcendant les intérêts particuliers (notamment étatiques) est encore très diffuse aujourd'hui. Cependant, si cet ordre des priorités est amené à s'inverser, en particulier face à la montée des risques planétaires, il est probable que les OI — sans doute sous une forme renouvelée — soient chargées de représenter cet intérêt planétaire. Il restera alors à s'assurer de la légitimité et de la représentativité de cette autorité inédite.

Face à cette mondialisation de la politique et à l'accélération des phénomènes d'intégration au niveau mondial en général, l'Etat-nation peut sembler appelé à décliner. Qu'en est-il réellement ?

La fin de l'Etat ?

Les Etats entretiennent une relation particulière avec la dynamique de la mondialisation. Une des premières manifestations de celle-ci est en effet de relativiser leur rôle au niveau mondial : les Etats apparaissent plus souvent victimes – sinon adversaires – qu'acteurs véritables de la mondialisation. Cependant, relativisation ne veut pas dire disparition ; il s'agit bien davantage d'une reformulation du rôle des Etats en vue de l'adapter à un contexte inédit d'intégration accrue dans un cadre élargi. De ce point de vue, les Etats peuvent être considérés comme des acteurs à part entière de la mondialisation, en tant qu'« accompagnateurs » ou que régulateurs de ce processus.

Les indices de « débordement de l'Etat »

Par la prolifération des flux transnationaux de toutes sortes qui la caractérise, la dynamique de mondialisation remet en cause l'Etat dans sa souveraineté et dans ses fonctions (la sécurité, la législation et la solidarité) de multiples manières. Cette remise en cause est à la fois économique, politique et culturelle.

Au niveau économique, quatre phénomènes convergent pour réduire l'autonomie des Etats :

- l'extraversion des économies nationales dont la croissance dépend désormais des échanges avec l'extérieur ;
- la mobilité des grandes entreprises qui leur permet d'éviter les décisions politiques qui leur sont défavorables ;
- l'endettement des Etats auprès des marchés financiers qui sont désormais en position de sanctionner les politiques publiques ;

- le désengagement de l'Etat des activités économiques dans la mesure où son action est considérée comme nuisible à leur bon fonctionnement .

Dans ce contexte de libéralisation économique et d'interdépendance accrue, les marges de manœuvre des Etats et de leur gouvernement apparaissent singulièrement réduites ou du moins très largement contraintes. La meilleure preuve de cet affaiblissement est à rechercher dans les efforts de coopération économique régionale déployés par la majorité des Etats, y compris les plus puissants, depuis la fin des années 1980.

Au plan culturel, l'intégration mondiale des systèmes de communication et d'information consacre la mise en place de relations immédiates et très difficilement contrôlables entre individus, quelles que soient leur localisation ou leur appartenance nationale. Ainsi assiste-t-on à une diversification des identités qui ne peuvent plus s'incarner dans une allégeance unique envers l'Etat, et par là même à une érosion des relations d'autorité unissant les individus à la collectivité.

Le débordement de l'Etat est donc finalement politique dans la mesure où il perd « *cette faculté de contrôle qui garantissait la valeur prioritaire de l'allégeance citoyenne sur toute autre forme d'identification* » (B. Badie). La mondialisation s'accompagne ainsi de l'émancipation des individus par rapport à la tutelle des Etats. Mais dans le même temps, à travers l'affaiblissement de l'Etat, c'est le citoyen qui perd une part de ses droits, dans la mesure où les choix qu'il fait à l'occasion des consultations électorales nationales n'ont plus guère de signification face à des problèmes de plus en plus transnationaux. En remettant en cause la principale source de légitimité que représente l'Etat aujourd'hui, la mondialisation porte donc un risque de déficit démocratique.

Le renouvellement du rôle de l'Etat

Il convient toutefois de nuancer fortement ce constat d'un déclin de l'Etat.

Tout d'abord, l'Etat résiste et a les moyens de résister. En effet, il continue à accumuler des ressources administratives, fiscales, cœrcitives et symboliques sans commune mesure avec celles des autres acteurs et largement supérieures à ce qu'elles étaient à la fin de la Deuxième Guerre mondiale, période où la prééminence de l'Etat était pourtant incontestée. L'Etat n'est donc pas près d'abdiquer par rapport aux missions qui lui sont confiées.

D'autant plus qu'en face, les acteurs concurrents les plus puissants, comme les FMN, ne semblent pas en mesure de remettre véritablement en question l'ordre des Etats, incapables qu'ils sont, du fait d'un manque de volonté convergente, d'imposer leur volonté aux plus puissants d'entre eux. Ce n'est d'ailleurs pas leur volonté car, comme le souligne M. Merle, « *les firmes s'accommodent fort bien du découpage de l'espace en unités politiques indépendantes puisqu'elles tirent l'essentiel de leurs profits d'une stratégie qui s'appuie sur l'exploitation des différences de régime (fiscale et social, notamment) entre les différents pays d'implantation* »[1]. Dans l'ensemble, les FMN, de même que la grande majorité des acteurs transnationaux, se perçoivent davantage comme des partenaires que comme des rivaux des Etats.

De fait, loin de dépérir, l'Etat voit son rôle se renouveler dans le contexte de la mondialisation. Ce renouvellement est d'ailleurs cohérent avec la stratégie menée par les Etats en faveur de la mondialisation depuis 1945, que ce soit par des mesures de libé-

1. Merle M., *op. cit.*, p. 28.

ralisation commerciale et financière ou par une politique de modernisation et de démocratisation des infrastructures de communication.

Ainsi, l'interaction grandissante des individus et des sociétés au niveau mondial accroît-elle la fonction régulatrice des Etats, en tant qu'incarnation la moins imparfaite de l'intérêt général. En effet, du fait de cette légitimité et surtout des moyens dont il dispose, l'Etat – avec l'aide des OI certes – demeure l'acteur le plus en mesure d'assurer la gestion des problèmes globaux à l'heure actuelle. De même, au plan économique, l'Etat conserve un rôle indispensable dans l'accompagnement du marché, même mondialisé. Six grandes fonctions peuvent à ce titre être distinguées[1] :

- la fonction de garantie du respect de la loi (en particulier du droit de propriété) et de l'ordre, nécessaire à un climat de confiance et à la stabilité monétaire ;
- la fonction juridique, pour établir les standards de production et faire respecter les règles de concurrence ;
- la fonction sociale pour gérer les problèmes de chômage et d'exclusion engendrés par l'économie de marché ;
- la fonction de prestataire de services au niveau de l'éducation et des infrastructures de transport et de communication ;
- la fonction financière, en tant que prêteur en dernier ressort, par l'intermédiaire des banques centrales et d'organisations internationales comme le FMI ;
- la fonction de stratège avec l'orientation de l'activité des entreprises nationales vers les secteurs les plus dynamiques et la préparation de celles-ci à la concurrence.

1. Selon Roche J. J., *Relations internationales*, LGDJ, Paris, 1999, p. 327-328.

Ainsi, au plan économique, là où l'autorité de la puissance publique semble la plus dépassée, le rôle de l'Etat est toujours fondamental et il n'apparaît d'ailleurs pas souhaitable, pour la grande majorité des dirigeants actuels, de revenir à la situation de l'Etat libéral minimal du XIXe siècle.

Un débat faussé

Finalement, le débat sur la perte de souveraineté des Etats face au mouvement de mondialisation est doublement faussé par le maintien d'une conception traditionnelle et dépassée à la fois de la souveraineté et des finalités de l'Etat.

Tout d'abord, l'impression de déclin de l'Etat est beaucoup plus largement liée à la transformation de ses finalités, en rapport avec l'échec du modèle socialiste, qu'à la montée de la concurrence des acteurs transnationaux. En effet, à partir de la révolution bolchevique de 1917, la conception socialiste du pouvoir exerça une influence sur les autres modèles politiques, rendant naturelle l'augmentation des prérogatives étatiques (dans le cadre de l'Etat providence) afin de donner la priorité aux demandes d'égalité plutôt qu'à celles de liberté.

Avec l'effondrement du bloc communiste, on constate donc retour en force des exigences de liberté, ce qui réduit la justification de l'interventionnisme public. Ainsi, plus qu'à un dépérissement de la puissance publique, on assiste au renouvellement de ses fonctions avec le passage d'un Etat interventionniste, exerçant son pouvoir par voie de réglementation hiérarchique, à un Etat régulateur, soucieux de consultation, d'influence et d'arbitrage des intérêts particuliers. Cette transformation des finalités de l'Etat a donc peu à voir avec les effets de la mondialisation.

Tout comme pour les finalités de l'Etat, la thèse de la perte de souveraineté des Etats ne prend pas en compte la transformation de la nature de la souveraineté. Elle envisage en effet le niveau de la souveraineté en fonction de l'efficacité d'instruments d'exercice traditionnels de la souveraineté : par exemple, le pouvoir de faire la guerre ou la capacité de poursuivre une politique économique autonome. Or la souveraineté n'est pas une donnée absolue – lorsque l'on est totalement indépendant, la souveraineté n'a plus de sens – mais une variable relative, dépendante de la nature et du niveau de l'interdépendance à un moment donné. Ainsi, l'approfondissement de l'interdépendance qui caractérise la mondialisation ne correspond pas à une perte de souveraineté des Etats mais à une modification des conditions d'exercice de la souveraineté. Désormais, la souveraineté d'un Etat passe de plus en plus par la capacité de coopérer avec ses voisins ou d'attirer et de fixer des activités productives de toutes origines. En fait, être et rester souverain consiste à savoir poursuivre ses propres objectifs malgré les contraintes de l'interdépendance ou en les utilisant.

Au total, loin d'être débordé par la mondialisation, l'Etat voit son rôle se renforcer, mais sous une forme renouvelée, notamment afin de tenir compte de la montée des acteurs transnationaux.

2. Les firmes multinationales

D'une certaine manière, les firmes transnationales ou multinationales (FMN) sont très anciennes, eu égard à l'activité internationale de banquiers comme les Médicis ou les Rothschild dès le Moyen Age, ou celle de la Compagnie des Indes orientales dès le XVIIe siècle. Mais il s'agit là d'activités commerciales et financières. Ce n'est qu'à partir du milieu du XIXe siècle que les firmes du secteur manufacturier lancent véritablement le mouvement de multinationalisation, en multipliant leurs flux d'investissements directs à l'étranger, et dans les pays neufs en particulier.

Aujourd'hui, les FMN les plus puissantes rivalisent avec les Etats en termes de pouvoir économique : sur les 100 plus grandes entités économiques mondiales aujourd'hui, 55 sont des Etats et 45 des FMN. Elles constituent sans conteste les acteurs non-étatiques les plus puissants, et ceux dont l'autonomisation par rapport aux Etats a été la plus rapide depuis le début du XXe siècle. A tel point, qu'elles sont souvent considérées comme les vecteurs majeurs de la mondialisation.

Un vecteur essentiel de l'intégration économique mondiale

Une FMN peut être définie comme « *une entreprise qui contrôle des actifs productifs dans des pays étrangers* »[1]. Elle est constituée d'une maison mère siégeant en général dans le pays d'origine

1. Définition et données chiffrées suivantes d'après F. Sachwald, « Réseaux contre nations ? Les multinationales au XXIe siècle », in *Ramsès 2000*, Ifri, Paris, 1999, p. 165-179.

de l'entreprise et de filiales implantées à l'étranger. La notion de FMN recouvre des réalités très variées, s'appliquant aussi bien à des groupes issus de la fusion de sociétés nationales, qu'à des entreprises ayant des implantations à l'étranger ou des PME internationalisées. Le décompte exact des FMN est également compliqué par les montages juridiques et financiers (par le biais de sociétés écrans ou de filiales) qui en accroissent ou en réduisent le nombre en fonction des intérêts du moment. Cependant, dans son rapport annuel de 1999, la Cnuced en dénombrait environ 53 600 (contre 7 000 seulement à la fin des années 1960), contrôlant plus de 450 000 filiales dans le monde.

Si la grande majorité de ces FMN sont originaires des pays industrialisés, celles issues des pays en développement, et des pays émergents en particulier, sont de plus en plus nombreuses : de 7 % des FMN au début des années 1990 à 17 % à la fin.

Les FMN sont à l'origine d'une grande partie des échanges mondiaux de biens, de services (notamment en matière de technologies et de savoir-faire) et de capitaux, mais également de personnes.

Ainsi, à la fin du XXe siècle, les FMN assurent près de la moitié du commerce mondial de marchandises (dont les 3/4 entre leurs propres filiales). Les échanges mondiaux de produits de base sont presque entièrement sous leur contrôle : elles réalisent 90 % du commerce mondial du blé, du bois ou du fer, 85 % du commerce du cuivre et de la bauxite et 75 % pour le pétrole brut. Elles dominent également de nombreux marchés de produits finis comme ceux de l'électronique, de l'automobile ou de la chimie (en particulier par l'établissement de normes internationales).

De plus, la production multinationalisée (à savoir la somme des activités des FMN dans leur pays d'origine et des ventes de leurs filiales étrangères) sous le contrôle direct des FMN représente près du tiers de la production mondiale. La répartition mondiale des activités productives est donc de plus en plus dépendante des stratégies des FMN.

Enfin, initialement concentrées dans le secteur des matières premières ou dans des industries manufacturières, les FMN se sont beaucoup développées dans le secteur des services (finance, informatique, distribution, etc.) depuis les années 1980. Ainsi, assiste-t-on, entre autres, à une « financiarisation » croissante des FMN qui, à la fois, favorisent et tirent parti de la globalisation des marchés financiers, les opérations monétaires s'avérant souvent plus profitables (du moins à court terme) que les investissements productifs.

En tant qu'acteur de la mondialisation, le rôle essentiel des FMN réside donc dans « *la formation, à terme, d'un système commercial et productif international intégré, par rapport auquel les territoires nationaux et les Etats deviennent des variables secondaires* » (W. Andreff)[1]. La stratégie de déploiement multinational des FMN pose ainsi directement la question de son rapport aux Etats dans la mesure où ces derniers sont chargés de gérer un territoire et une population caractérisés par leur faible mobilité.

1. Andreff W., « Le règne des multinationales globales ?», *Sciences Humaines*, Hors série n° 17, juin/juillet 1997.

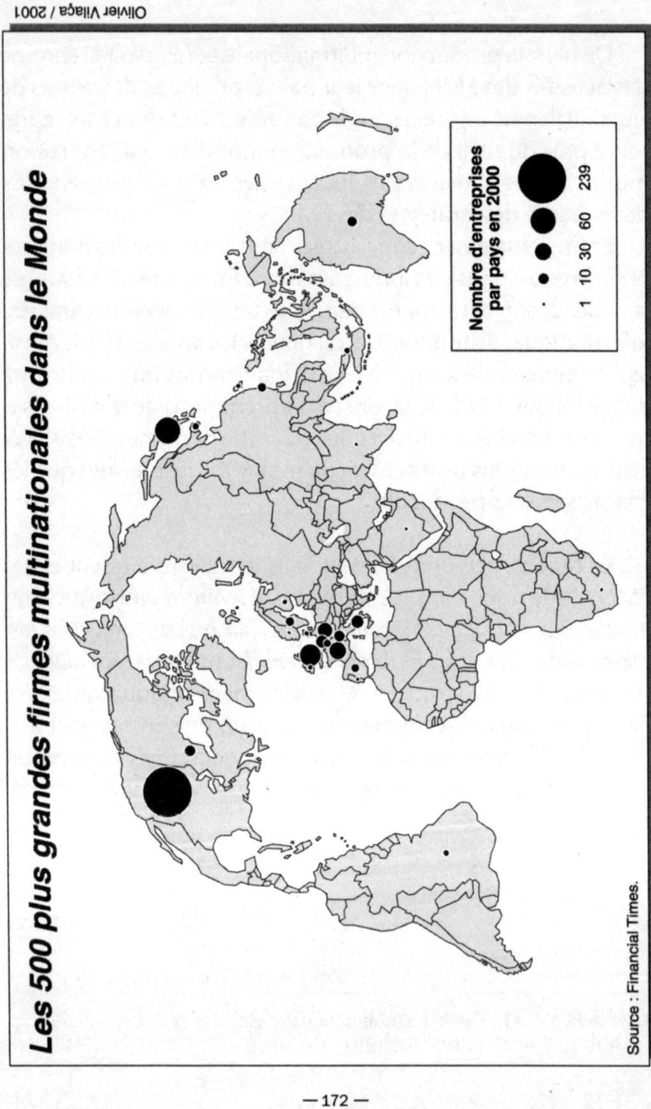

Les 500 plus grandes firmes multinationales dans le Monde

Source : Financial Times.

Réseaux multinationaux et économies nationales

Par leur capacité à puiser des ressources à l'étranger et à en transférer au-delà des frontières, les FMN, plus que tout autre acteur transnational, tendent à échapper au contrôle des Etats.

Historiquement, les Etats et les FMN entretiennent des relations tumultueuses dans la mesure où la réalisation de leurs objectifs respectifs exige le contrôle des ressources productives. Mais, globalement, leurs rapports se sont progressivement pacifiés au cours de la seconde moitié du XXe siècle, en phase avec le rééquilibrage de leur rapport de force.

Ainsi, jusqu'à la fin des années 1970, les Etats, méfiants à l'égard de l'installation de FMN sur leur territoire, pratiquent des politiques restrictives vis-à-vis des IDE. Les FMN sont alors perçues comme un instrument de puissance au service de son pays d'origine. C'est le cas des firmes occidentales dans les pays en développement (à l'instar de United Fruit en Amérique centrale) et les pays socialistes, ou encore des firmes américaines en Europe. L'offre d'investissement dépasse alors la demande et les FMN subissent les politiques des Etats.

Avec la crise économique, les rapports de force entre « pays hôtes » et FMN s'inversent : désormais, la demande mondiale de capitaux de la part d'Etats endettés, luttant contre le chômage, est supérieure à l'offre et les FMN mettent à leur tour en concurrence les Etats à travers leur politique d'attractivité.

Aussi, à partir des années 1980, ce sont les pays d'origine des FMN qui expriment le plus de craintes à leur égard. En effet, les investissements à l'étranger de ces dernières mineraient le tissu productif national en supprimant des emplois au profit des pays d'accueil. Cependant, si la pression à la baisse sur les salaires — de la main-d'œuvre la moins qualifiée en particulier —

est indéniable, le risque de surenchère continue au « moins disant social », du fait de l'internationalisation croissante des firmes, doit être relativisé.

F. Sachwald rappelle en effet que « *la mondialisation accroît le pouvoir de négociation des multinationales, mais pas de façon infinie (...)* »[1]. Désormais, la performance économique d'une entreprise réside non plus dans le contrôle de ressources productives (notamment matérielles) mais dans la mobilisation de compétences, tout particulièrement au niveau de la qualification du personnel et de la performance des réseaux de partenaires (fournisseurs et sous-traitants). Or la formation de ces compétences exige du temps ainsi qu'un environnement local sophistiqué que seules les collectivités territoriales et les Etats ont les capacités de fournir.

De même, dans le cas des pays d'accueil, en particulier ceux en développement, l'implantation des FMN est désormais favorisée (par la création de zones franches par exemple) en tant que facteur de création d'emplois, de transfert de technologies et d'insertion dans les échanges mondiaux.

A la fin du XXe siècle, multinationales et Etats ont donc largement reconnu leur légitimité respective. Leurs rapports s'envisagent désormais en termes de complémentarité. Ainsi, le règlement des sources de conflits encore persistantes (dont la fiscalité) passe t-il de plus en plus par la définition de règles qui protègent à la fois les Etats et les FMN, comme l'atteste le projet avorté d'Accord multilatéral sur l'investissement (AMI).

---

1. Sachwald F., *op. cit.*, p. 175.

A noter

L'AMI ou les nouveaux rapports entre Etats et multinationales

L'importance grandissante des investissements directs à l'étranger a suscité la négociation d'un projet d'Accord multilatéral sur l'investissements (AMI), en vue de garantir un cadre réglementaire légal prévisible dans les pays d'accueil des FMN.

Ce projet était fondé sur la non-discrimination des investisseurs étrangers par rapport aux investisseurs nationaux. Ainsi visait-il en particulier à protéger les investisseurs contre toute action étatique qu'ils pouvaient considérer comme discriminantes, telle que la législation en matière de droit du travail, d'environnement ou de protection des biens et services culturels. Par ailleurs, entreprises dans le cadre de l'OCDE et non de l'OMC, les négociations excluaient *de facto* les pays en développement.

L'AMI a alors levé de nombreuses objections, tant de la part de certains gouvernements (français et canadien notamment, au nom de l'« exception culturelle ») que de syndicats, de groupes écologistes ou d'associations d'artistes et d'intellectuels formés pour l'occasion en mouvements transnationaux afin de contester la philosophie trop libérale du projet.

Dans ce cadre, l'échec final de l'AMI et l'arrêt des négociations en 1998 résultent non seulement des divergences entre partenaires, mais aussi et surtout de l'impression que l'accord favoriserait trop largement les multinationales aux dépens des Etats. Ainsi, plus qu'un coup de force raté des firmes visant à inscrire leur domination dans le droit national, l'AMI doit être envisagé comme une tentative d'instauration de règles internationales protégeant à la fois les Etats et les FMN.

Vers l'émergence d'entreprises globales ?

Toutes les FMN ne participent pas de manière égale à l'intégration de l'économie mondiale. Cette contribution dépend du caractère plus ou moins global de la stratégie et de l'organisation interne des firmes. Sur ce point, M. Porter a proposé de distinguer les firmes développant une stratégie globale et celles développant une stratégie multinationale (ou multidomestique) classique.

La stratégie multinationale classique consiste à produire, sur plusieurs marchés nationaux, des biens adaptés à chaque marché. Chaque filiale est alors le relais de l'action de la société mère à l'étranger et les relations entre filiales sont limitées. A l'inverse, la stratégie globale vise à planifier la production au niveau mondial en faisant de chaque filiale une unité spécialisée dans la fabrication d'un composant particulier du produit fini. La coordination de l'ensemble est assurée par la maison mère qui centralise également les activités de recherche-développement et de gestion financière. On parle alors d'« entreprise-réseau ». Ainsi, les FMN classiques demeurent-elles dans la logique d'une économie internationalisée (donc interétatique), tandis que les entreprises globales se placent directement dans la perspective d'une économie mondialisée.

La stratégie globale a commencé à se développer à partir du milieu des années 1980 dans quelques dizaines de firmes (comme ABB, Unilever, Philips, Sony, IBM, etc.), d'une part en rapport avec les nouvelles possibilités offertes par les NTIC, et d'autre part avec l'accentuation de la concurrence au sein des trois grands pôles de la triade.

Considérant la tendance à la diffusion des stratégies globales depuis la fin des années 1980, certains économistes, comme R. Reich par exemple, envisagent la disparition à terme de la nationalité des FMN : « *les firmes et les investisseurs parcourent désormais le monde à la recherche des meilleures opportunités de profit. Ils se sont déconnectés de leur propre nation* »[1]. Cependant, dix ans plus tard, les entreprises n'ayant plus de liens privilégiés avec un marché particulier (que ce soit au niveau des ventes, du contrôle du capital ou de la structure de la classe dirigeante) et déployant leur activité sur plusieurs continents, sont encore peu nombreuses. D'après W. Andreff, elles seraient quelques centaines tout au plus, parmi lesquelles : ABB, Nestlé, Glaxo, Shell, NEC, Nike, Nissan, Ikea, IBM, Accor, Bayer, etc. Elles sont en général originaires de petits pays, en particulier d'Europe du Nord (Grande-Bretagne, Pays-Bas, Suède, etc.), tandis que les plus grandes FMN (notamment américaines et japonaises) apparaissent toujours très centrées sur leur pays d'origine.

Cependant, en situation intermédiaire entre la stratégie multinationale et la stratégie globale, on assiste à la multiplication des alliances sectorielles entre grandes firmes (regroupant parfois plusieurs dizaines de partenaires étrangers) en vue de partager les coûts croissant de l'investissement (en R&D surtout) et d'être présent dans chacun des trois grands espaces en développement (Europe occidentale, Amérique du Nord et Asie orientale). Tel est le cas, par exemple, de General Motors avec Toyota, Ford avec Honda, Siemens avec Fujitsu et Hitachi, Lufthansa avec United Airlines et Thaï Airways International, etc. Dans le même sens, les firmes peuvent procéder à des opéra-

1. Reich R. *L'Economie mondialisée*, Dunod, Paris, 1991.

tions de fusion, d'acquisition ou de prise de participation au capital d'autres entreprises en vue d'accroître leur taille – mais pas nécessairement leur caractère global – comme ce fut le cas à la fin des années 1990.

A noter

La vague de fusions à la fin des années 1990

Depuis 1997, on a pu assister à un vaste mouvement de fusions-acquisitions transfrontalières.

Selon la Conférence des Nations unies sur le commerce et le développement (Cnuced), le total des rachats mondiaux est passé de 304 milliards de dollars en 1997 à 411 milliards en 1998 et 720 milliards en 1999. Cette tendance s'est encore accélérée en 2000, avant de connaître un net ralentissement en 2001.

Ces rapprochements concernent avant tout les secteurs de la communication (Vivendi-Universal, AOL-TimeWarner ou Vodafone-Mannesmann), pétrolier (Exxon-Mobil, BP-Amoco et TotalFina-Elf), automobile (DaimlerBenz-Chrysler, Renault-Nissan et Ford-Volvo), pharmaceutique (Hœchst-Rhône-Poulenc), bancaire (Deutsche Bank-Bankers Trust of New York) ou aéronautique (British Aerospace-Marconi).

Cette vague de fusions et d'acquisitions sans précédent est à mettre en rapport avec l'intégration croissante des marchés nationaux mais aussi, et surtout, avec le renforcement de la concurrence entre et au sein de chacun des trois pôles de la triade. Dans un cadre où les effets d'échelle et de masse jouent un rôle de plus en plus déterminant, aucune entreprise majeure ne peut plus se permettre d'ignorer le marché intérieur de ses concurrents sous peine de se retrouver à terme en position d'infériorité.

Au-delà, ces fusions géantes participent à la concentration de l'offre à travers la formation d'oligopoles mondiaux dans lesquels quatre ou cinq firmes de taille mondiale dominent leur secteur à côté de milliers d'entreprises plus petites auxquelles elles sous-traitent de plus en plus.

Au total, si l'ère de l'entreprise « apatride », sans ancrage national, semble encore lointaine, il est certain cependant que l'intégration croissante des réseaux mondiaux de commercialisation, de production et de financement ne peut qu'accroître la pertinence des stratégies globales.

3. Les forces transnationales

Quelle que soit leur puissance, les firmes multinationales ne sont pas les seuls acteurs non-étatiques agissant au niveau mondial. Des acteurs de plus en plus nombreux, aux motivations de plus en plus variées et le plus souvent non lucratives, participent également au processus de mondialisation.

Il s'agit d'un ensemble divers et hétérogène d'acteurs privés ou publics, officiels ou clandestins, organisés ou non : associations, mouvements religieux, réseaux clandestins, collectivités territoriales, diasporas, etc. Bref, des acteurs qui, par volonté délibérée ou non, interviennent dans l'espace mondial au-delà du cadre étatique national. A l'instar des firmes multinationales, ces forces transnationales ne sont pas nouvelles, que l'on considère par exemple l'action, dès le Moyen Age, de l'Eglise chrétienne ou des ordres militaires comme les Templiers.

Cependant, là aussi, le XXe siècle (en particulier sa seconde moitié) est marqué par une multiplication et une autonomisation spectaculaires et inédites de ces forces, au point de remettre en cause l'ordre interétatique dominant à travers l'émergence d'une société civile mondiale.

Si toute classification précise de ces acteurs transnationaux apparaît vaine, on peut du moins distinguer deux grandes catégories de forces en fonction de leur degré d'organisation : les organisations transnationales et les mouvements transnationaux.

Les organisations transnationales

Les organisations transnationales correspondent aux forces organisées en fonction d'une stratégie d'entreprise au sens wébérien du terme, c'est-à-dire d'un groupement structuré de manière permanente agissant en finalité. Trois grands types d'organisations peuvent être distingués de ce point de vue : les collectivités territoriale, les organisations non-gouvernementales et les réseaux clandestins. Le cas des médias sera traité ultérieurement en tant que vecteur de l'opinion publique mondiale.

Les collectivités territoriales

A l'instar des Etats, les collectivités territoriales, comme les grandes villes ou les régions, nouent entre elles des liens de coopération de plus en plus étroits et appuient, dans leurs actions à l'étranger, des entreprises locales. Leur autonomie en tant qu'acteur transnational est d'autant plus forte qu'elles disposent souvent d'une autorité élue.

La contribution croissante des villes à la mondialisation résulte directement de la tendance à la « métropolisation » de l'espace mondial, parallèlement à son intégration. En phase avec l'urbanisation croissante de la population mondiale, la puissance, la richesse et le dynamisme se concentrent en effet de plus en plus dans un nombre limité de très grands pôles qui s'affirment, aux dépens des Etats, comme les véritables centres de commandement et d'impulsion de l'espace mondial. Ainsi, par exemple, la production de l'agglomération de Tokyo représente-t-elle aujourd'hui le double de celle du Brésil, tandis que la production de Chicago est comparable à celle du Mexique. Dans le même sens, les échanges mondiaux se font de moins en

Les réseaux de mégalopoles : l'AMM

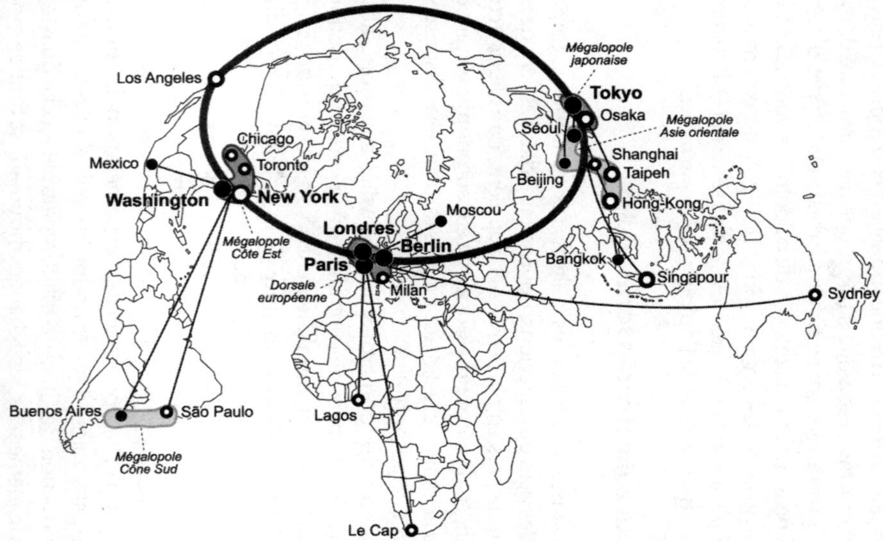

Sources : Durand, Lévy, Retaillé / Gimeno, 1992, Dollfus, 1995

Vincent Baudrand, Olivier Vilaça / 2001

Les îles de l'AMM

Pôles économiques et politiques principaux et secondaires

Pôles économiques principaux et secondaires

Les mégalopoles existantes

Les mégalopoles en devenir

Les relations entre les îles de l'AMM

Réseau des mégalopoles : coeurs du centre

Relations entre pôles principales et pôles secondaires

moins entre les nations qu'entre ces grands pôles urbains. C'est le cas en particulier des échanges de capitaux ou de connaissances scientifiques.

On voit donc s'affirmer des « villes globales », telles que New York, Chicago, Los Angeles, Tokyo, Londres, Paris, Francfort, Milan, Hong Kong, Singapour ou Sao Paulo, de plus en plus déconnectées de leur environnement proche, au profit de leur insertion dans un réseau de plus en plus intégré au niveau mondial : l'« *archipel mégapolitain mondial* » (AMM), selon le géographe O. Dollfus.

Plus que d'une nouveauté, il s'agit là en fait d'une renaissance, celle du principe des « *économies urbaines* » (F. Braudel) du premier âge du capitalisme, comme Venise ou Amsterdam, après leur dissolution dans les « *économies territoriales* » nationales à compter du XVIIe siècle.

A côté de ces grandes villes, ce sont des régions (ici infranationales) qui sont amenées à se projeter en-dehors des frontières de leur Etat et à jouer un rôle transnational. Tels les « districts industriels » de renommée mondiale comme la Silicon Valley, la « Troisième Italie » ou l'Arc jurassien suisse. C'est le cas également des régions transfrontalières dont la position se trouve valorisée depuis quelques décennies par le développement des zones d'intégration continentale, comme le Pudget Sound entre Seattle et Vancouver, la Regio Basiliensis entre l'Alsace, le Bade-Wurtemberg et le canton suisse de Bâle, ou « le triangle de croissance » de Batam entre l'île de Johore (Malaisie), la province de Riau (Indonésie) et Singapour.

Les ONG

Un deuxième type d'acteur transnational obéissant à une stratégie d'entreprise est constitué par les organisations non-gouvernementales (ONG).

Il s'agit de groupements, associations ou mouvements, sans but lucratif, créés spontanément et librement par des particuliers et exprimant une solidarité transnationale. Elles ne prétendent pas supplanter les Etats, mais plutôt pallier leur carence ou, à la rigueur, orienter leur action[1]. Les ONG n'ont toutefois pas d'existence en droit international : c'est le droit interne de l'Etat dans lequel elles exercent leur activité qui leur est appliqué. De plus, elles sont souvent dépendantes des Etats sur le plan financier : à hauteur de 15 à 20 % en France, de 40 % en Grande-Bretagne et de 80 % dans les pays scandinaves. L'autonomie des ONG en tant qu'acteurs de la mondialisation est donc à relativiser.

Leur multiplication au cours du XXe siècle est néanmoins spectaculaire : de 180 au début du XXe siècle, elles sont passées à 560 en 1945 et à plus de 5 000 à la fin des années 1990[2]. Or, du fait de la nature des ONG, cette progression est significative de la montée de solidarités transnationales et, par là même, de l'ébauche d'une société civile mondiale.

Ainsi, les ONG sont-elles présentes dans tous les domaines de l'activité sociale : au niveau syndical (Confédération internationale des syndicats libres ou Fédération syndicale mondiale),

1. Merle M., *op. cit.*, p. 26.
2. Certaines sources en dénombrent cependant près de 30 000. La différence de chiffres est liée à la création spontanée d'ONG éphémères, notamment à l'occasion de catastrophes humanitaires.

politique (Internationale socialiste), religieux (Conseil œcuménique des Eglises, voire l'Eglise catholique), sportif (Comité international olympique ou Fédération internationale de football association), mais aussi scientifique, professionnel, culturel et surtout écologique et humanitaire. C'est dans ces deux secteurs que l'action des ONG est la plus ancienne et la plus visible avec des organisations comme la Croix-Rouge (créée en 1859), Médecins sans frontières, Amnesty International, Oxfam (Oxford Committee For Famine relief) ou Greenpeace.

Souvent critiques à l'égard des Etats (notamment en matière d'aide au développement et de respect des droits de l'Homme), les ONG n'ont cependant pas pour vocation la conquête du pouvoir et la gestion globale des affaires publiques. Elles sont seulement devenues des partenaires obligés des Etats sur des questions de plus en plus nombreuses, par exemple l'aide au développement ou la protection de l'environnement. D'ailleurs, plusieurs milliers d'entre elles disposent désormais d'un statut consultatif auprès de nombreuses organisations internationales dont l'ONU. De même, l'apparition et la multiplication, depuis le début des années 1990, des conférences mondiales sur des grands problèmes de société (l'environnement, la population, l'habitat, les droits de l'Homme, de la femme, etc.) traduisent-elles la volonté des Etats d'associer les ONG à leur travail en tant que représentantes de la société civile.

Ainsi, l'essentiel de la participation des ONG à la mondialisation réside-t-il dans le fait qu'elles concourent à forger, certes de manière encore diffuse et modeste, une « opinion publique mondiale ».

Les « forces de l'ombre » (M. Merle)

Un dernier type d'organisations transnationales correspond à ce que M. Merle appelle les « *forces de l'ombre* ». Il s'agit d'une part des mafias contrôlant les réseaux de tous les trafics clandestins ou illicites (drogues, armes, prostitution, œuvres d'art, etc.), et d'autre part des réseaux terroristes se dressant contre un Etat, qu'ils en soient ressortissants ou non.

Les mafias ont des origines précises (sicilienne, colombienne, chinoise, japonaise, russe ou tchétchène) et déploient leurs activités dans le monde en jouant « *des différences entre les Etats, des règles de contrôle, de l'efficacité des agents de répression ou du fisc, des capacités et habitudes de consommations des habitants, donc des marchés locaux et régionaux* »[1]. Parmi tous les trafics, celui de la drogue est actuellement le plus dynamique et le plus prospère, avec un commerce annuel estimé à 400 milliards de dollars (dont un tiers pour les Etats-Unis et la moitié pour les pays en développement).

Le trafic de stupéfiants constitue d'ailleurs une source grandissante de financement pour les groupes terroristes. Ceux-ci peuvent soit contester l'autorité de l'Etat dont ils sont les ressortissants (comme les Kurdes du PKK contre la Turquie, les « Tigres tamouls » au Sri Lanka, l'ETA en Espagne ou le Front islamique du Salut en Algérie), soit faire pression sur un Etat dont ils ne sont pas originaires afin qu'il modifie sa politique. C'est le cas de nombreux groupes proches-orientaux, à base souvent islamiste (dont le Hamas, la Jamaa Islamiya ou Al-Qaida), contre Israël et les Etats-Unis par exemple.

Ces groupes aux objectifs différents peuvent s'entraider et constituer ainsi une « transnationale du terrorisme ». Ils peu-

---

1. Dollfus O., *La Mondialisation*, Presses de la FNSP, Paris, 1997, p. 59.

vent également bénéficier de l'aide d'Etats (comme la Libye, le Soudan, l'Iran ou l'Arabie Saoudite aujourd'hui, et les Etats-Unis ou l'Union soviétique au temps de la guerre froide) qui fournissent armes et capitaux et dispensent des formations pour l'action terroriste.

Surtout – comme semble le montrer la mise à jour (partielle) du réseau financier transnational d'Oussama Ben Laden, chef du mouvement Al-Qaida et commanditaire présumé des attentats du 11 septembre 2001 – réseaux terroristes et mafias bénéficient directement de la libéralisation et de la globalisation des marchés financiers grâce aux facilités accrues de blanchiment de l'« argent sale » au sein des paradis fiscaux mais aussi de grandes places financières comme Londres ou Luxembourg. Ainsi, d'après les estimations du Groupe d'action financière sur le blanchiment de l'argent (créé par le G7 en 1989), les opérations de blanchiment représenteraient aujourd'hui 1 000 milliards de dollars par an, lesquels participeraient directement au fonctionnement de l'économie légale.

A l'instar des risques environnementaux, la montée en puissance des mouvements clandestins transnationaux pose donc la question de l'adaptation parallèle de leur contrôle. En effet, le traitement strictement interétatique des problèmes en fonction d'une logique de sécurité nationale n'apparaît alors plus suffisant.

Les mouvements transnationaux

Contrairement aux organisations transnationales, les mouvements transnationaux ne résultent pas de stratégies collectivement organisées mais de l'agrégation d'un très grand nombre d'actions individuelles isolées. De ce point de vue, il est possible de considérer les individus eux-mêmes comme des acteurs à part entière de la mondialisation.

Les individus face à la mondialisation

Une part grandissante des individus (dirigeants, haut fonctionnaires, hommes d'affaires, cadres de FMN, chercheurs, artistes, journalistes, touristes, étudiants, épargnants, migrants, etc.) intègrent concrètement l'échelle mondiale dans leur vie personnelle et professionnelle. Toutes ces catégories d'individus, par leur mobilité, participent directement à la mise en contact, certes le plus souvent limitée à une étroite frange de population, de sociétés parfois très éloignées les unes des autres. Cette mise en relation est d'autant plus étroite et profonde que des démarches individuelles s'agrègent dans un mouvement d'ensemble.

Ainsi, l'étudiant venu d'Afrique, d'Asie ou d'Amérique latine faire ses études dans une université occidentale participe ensuite, de retour dans son pays d'origine, à la diffusion des valeurs associées au savoir reçu. Surtout, la généralisation de cette démarche se traduit par la concentration de la formation des dirigeants de nombreux Etats en développement au sein de quelques grands pôles universitaires européens et nord-américains.

De même, le touriste étranger est-il un vecteur de flux culturel et monétaire, et son afflux en masse dans un pays y représente souvent une source de profonde remise en cause des équilibres antérieurs. D'un côté, le touriste, d'origine occidentale ou est-asiatique surtout, s'approprie le Monde — ou plutôt des images plus ou moins stéréotypées du Monde — par le voyage.

De l'autre côté, la population d'accueil est confrontée concrètement à un mode de vie différent et souvent enviable car plus satisfaisant matériellement. Dans les deux cas, la pratique du tourisme à l'étranger se traduit donc par la prise de conscience de la diversité et des disparités du Monde.

L'épargnant s'affirme également comme un acteur à part entière de la mondialisation, en contribuant à la globalisation des marchés financiers par l'intermédiaire des investisseurs institutionnels comme les fonds de pensions et les compagnies d'assurance qui collectent l'épargne privée.

Enfin, tout citoyen, dans la mesure où il est informé par les médias, s'insère dans la mondialisation en tant que vecteur d'une « opinion publique mondiale » sur un problème donné.

Le cas particulier des migrants

Le travailleur migrant (peu qualifié), de même que le réfugié, représente sans doute la figure la plus symbolique de la mondialisation par sa volonté indéfectible de partir tenter sa chance au-delà des frontières de son pays natal. Répétée à grande échelle, cette démarche constitue alors une force transnationale décisive.

Cette force peut être très structurée dans le cas des diasporas, vastes systèmes ethniques articulés à l'échelle d'un continent, voire de la planète entière : diasporas juives, chinoise, indienne, libanaise, arménienne, etc. Leur organisation en réseau est particulièrement bien adaptée à la dynamique de la mondialisation et participe à l'intégration d'espaces régionaux : ainsi, les Chinois de l'extérieur en Asie du sud-est ou les migrants maghrébins de part et d'autre de la Méditerranée. On est là à la limite d'une logique d'entreprise.

Même moins structurées, les migrations du travail contribuent au processus de mondialisation dans la mesure où elles portent atteinte à la souveraineté traditionnelle des Etats. Ainsi, favorisent-elles l'émergence, sur un même territoire national, d'identifications multiples venant concurrencer la priorité de l'allégeance citoyenne. De même, relativisent-elles la capacité de contrôle des Etats sur les mécanismes économiques. C'est le cas, en particulier, de nombreux pays en développement où l'afflux de devises et la résorption du chômage dépendent de l'émigration de ressortissants, tandis que d'autres doivent recourir à une abondante main-d'œuvre étrangère pour faire fonctionner leur économie : ainsi la population active étrangère en Arabie Saoudite représente-t-elle le double de la population active nationale.

Plus que les autres mouvements transnationaux, les migrations de travailleurs favorisent donc l'individualisation des relations internationales avec l'affirmation de choix individuels concurrençant les instruments collectifs de régulation, dont les Etats.

Vers une société mondiale ?

Quelles sont les conséquences de l'investissement de la scène mondiale par les forces transnationales, à côté des acteurs plus traditionnels que sont les Etats, les organisations internationales et les FMN ? Fondamentalement, c'est la transformation tendancielle du Monde en société : le Monde tend de plus en plus à fonctionner comme une société.

La « construction sociale » du Monde

Pour reprendre la terminologie des spécialistes en relations internationales, le Monde forme une société internationale distincte des sociétés politiques internes dans la mesure où elle est constituée d'Etats et non d'individus et qu'elle n'est pas structurée autour d'une autorité instituée et de règles communes, mais en fonction des rapports de force interétatiques. Or c'est bien cette spécificité de la société internationale qui tend à disparaître avec la mondialisation, au fur et à mesure que des réalités sociales de plus en plus nombreuses et variées acquièrent une dimension mondiale : ainsi les marchés, les représentations, les problèmes, les revendications, la régulation, les normes, etc.

Cette « construction sociale » du Monde est à la fois civile et politique. Conséquence directe de l'irruption des acteurs transnationaux sur la scène mondiale, l'émergence d'une société civile mondiale est de fait plus avancée que celle de son complément politique.

Un premier indice de cette avancée peut être perçu à travers la naissance d'une « *classe moyenne de mondialisés* » (J. Lévy), résidant dans les grandes agglomérations cosmopolites (celles de l'AMM en particulier), pratiquant l'anglais, développant le même mode de vie, voyageant fréquemment à l'étranger et relativement détachée de l'appartenance nationale[1].

Une seconde manifestation de l'émergence d'une société civile mondiale réside dans l'affirmation récente d'un droit mondial faisant référence à des principes éthiques à visée universelle, après une longue phase de respect scrupuleux de la souveraineté des Etats dans le cadre du droit international. En effet, les

1. Lévy J., *Le Monde pour Cité*, Hachette, Paris, 1996.

années 1990 sont marquées par l'affirmation du « devoir d'ingérence humanitaire » (en Irak, en Yougoslavie et au Rwanda) et par la décision, en 1998, de créer une Cour pénale internationale (CPI) permanente, compétente en particulier en matière de crimes contre l'humanité. Surtout, ce renouvellement du droit s'est traduit par l'arrestation (finalement provisoire certes) de l'ex-dictateur chilien Augusto Pinochet, accusé de crimes contre l'humanité, en dépit de l'opposition des principaux Etats concernés, au nom du respect du droit international. Ce succès d'une justice transnationale met donc directement en cause l'ordre juridique traditionnel fondé sur le bon vouloir des Etats.

Cependant, quels que soient les progrès de la société civile, notamment au plan judiciaire, celle-ci ne peut fonder une société « complète » dans la mesure où elle n'est pas capable de s'autoréguler, notamment à l'échelle du Monde. La définition et la garantie d'un minimum de règles communes est le fait exclusivement du politique. La mise en place d'une véritable société mondiale exige donc une mondialisation du politique, au-delà de l'ordre interétatique traditionnel.

De ce point de vue, le Monde se trouverait aujourd'hui, selon B. Badie, dans la même situation que celle que connut l'Etat absolutiste du XVIIIe siècle. Celui-ci « *dut peu à peu faire face à un espace de libre discussion et de publicisation de la chose politique qui fut ainsi arrachée au monopole du despote : ce faisant, le libre débat développé par la société bourgeoise en formation a favorisé la constitution d'un espace de publicité, contribuant à la mise sur agenda des enjeux politiques, pesant sur les opinions et les choix politiques, donc contrôlant plus ou moins la production des politiques publiques.* »[1]

1. Badie B., « Vers la responsabilité cosmopolitique ? », *Les temps Modernes*, n° 610, Paris, sept./oct./nov. 2000, p. 95-104.

Ainsi les enjeux politiques mondiaux ne sont-ils plus gérés uniquement par les Etats ; les acteurs non-étatiques (les « bourgeois » d'aujourd'hui) sont amenés à participer aux décisions, ou du moins à peser sur celles-ci, dans le cadre d'un espace public mondial.

Les linéaments d'une opinion publique mondiale

La meilleure expression de l'émergence d'une vie politique mondiale réside dans la formation d'une « opinion publique mondiale ».

En effet, une telle opinion suggère l'existence initiale de sensibilités et de mobilisations similaires au sein de populations issues de pays différents convergeant finalement dans un seul et même mouvement transnational, en mesure de faire pression sur les Etats. Cette convergence résulte directement de l'information croissante des populations par les médias. Elle peut être spontanée en réaction à des événements particuliers (guerre du Vietnam, famine en Ethiopie, répression sur la place Tien An Men, génocide du Rwanda, attentats aux Etats-Unis, etc.) ; mais, elle est alors trop éphémère pour être véritablement efficace. Une convergence peut également se constituer vis-à-vis d'évolutions à long terme (protection de l'environnement, démocratisation, libéralisation, etc.). Dès lors, il s'agit soit d'une simple juxtaposition d'opinions nationales communes, soit d'une véritable mobilisation transnationale organisée par l'action coordonnée de groupe militants (pacifistes, écologistes, antimondialistes, etc.).

C'est cette dernière forme d'opinion publique qui est la plus efficace et la plus active aujourd'hui. Elle se manifeste par la participation grandissante des ONG, en tant que porte-parole de la société civile, aux travaux des organisations internationales. Elle se traduit également par le développement de fonds de placement éthiques (exigeant de la part des entreprises dont ils sont actionnaires, le respect d'un certain nombre de règles sociales ou écologiques) ou de mouvements de consommateurs (s'interrogeant sur les conditions sociales de la fabrication de certains produits). Enfin, l'influence de l'opinion publique mondiale peut s'effectuer de manière contestataire voire violente, en dehors de tout cadre institutionnel. Par leur dimension et leur multiplication, les manifestations organisées par les mouvements antimondialisation depuis 1999 en constituent l'illustration la plus spectaculaire.

A noter

Les mouvements antimondialisation

La fin des années 1990 est marquée par la montée des mouvements associatifs contestant la mondialisation. Plus précisément, il s'agit d'une remise en cause de la mondialisation libérale ou marchande, en tant qu'elle n'est pas politiquement régulée et engendrerait de ce fait une aggravation des inégalités, une dégradation de l'environnement, une uniformisation culturelle, etc.

Avec les Etats-Unis et les FMN, les quatre principales organisations internationales à vocation économique (OMC, FMI, Banque mondiale et G8) sont considérées comme les maîtres d'œuvre de cette mondialisation libérale et font l'objet des principales critiques.

Ainsi, depuis le succès de la manifestation de Seattle en décembre 1999, à l'occasion du premier sommet de l'OMC, la contestation se développe et multiplie ses actions : contre le FMI et la Banque mondiale à Prague en septembre 2000 ou contre le G8 à Gênes en juillet 2001. Entre temps, en réponse au Forum économique de Davos qui rassemble chaque année des hommes politiques et des dirigeants de grandes entreprises du monde entier, les groupes antimondialisation ont organisé le premier Forum social mondial à Porto Alegre au Brésil en janvier 2001.

La contestation est le fait d'ONG telles que Public Citizen (qui compte plus de 100 000 adhérents), Global Trade Watch, Third World Network, Friends of the Earth ou Attac. Ces différentes organisations ne constituent pas pour l'heure un mouvement homogène et unifié en dépit de quelques (rares) revendications communes, comme l'instauration d'une taxe (« Tobin ») sur les mouvements de capitaux. Cependant, contrairement aux syndicats et partis traditionnels, elles parviennent de mieux en mieux à coordonner leurs actions à l'échelle de la planète (notamment grâce aux possibilités offertes par l'internet) et s'affichent ainsi comme les véritables représentants de la société civile mondiale.

Il convient ici de bien cerner le sens de la contribution de ces mouvements transnationaux dans l'émergence d'une vie politique mondiale. En effet, même issus de la société civile et quelle que soit la générosité des aspirations qui les fonde, ces mouvements ne sont pas l'expression d'une « morale mondiale » ; ils n'expriment qu'une revendication particulière.

Par là cependant, ils participent directement à la création d'un espace public mondialisé, « publicisant » les enjeux et retirant aux Etats le monopole des décisions politiques mondiales. Obligés de prendre en compte les demandes croissantes de la société civile, les Etats sont ainsi conduits à sortir de leur logique géopolitique traditionnelle fondée sur la contrainte et la puissance pour intégrer une logique politique fondée sur la conviction et la légitimité.

En définitive, l'émergence d'une autorité mondiale légitime (dans un cadre démocratique) suggère la création non pas d'un Etat mondial unifié – impliquant un minimum de centralisation du pouvoir difficilement imaginable à l'échelle de la planète – mais d'une forme inédite de gouvernance plurielle, fondée sur le partage du pouvoir entre les Etats, les organisations internationales et les acteurs mondiaux de la société civile.

Conclusion

Loin donc de se limiter à l'intégration mondiale des seules activités économiques et financières, la mondialisation constitue un processus global de mise en contact généralisée des sociétés humaines. Il s'agit d'une dynamique de longue durée, commencée il y a plus de cinq siècles sous l'impulsion de l'Europe. Sa progression est irrégulière dans le temps, alternant phases d'accélération et phases de stagnation. Depuis le milieu du XXe siècle, le rapprochement des sociétés à l'échelle du Monde ne cesse de se renforcer.

Cet approfondissement contemporain de la mondialisation se manifeste par la densification grandissante des flux mondiaux de toutes sortes (idéels, humains, marchands, financiers...). Il résulte de la multiplication des acteurs (des individus aux firmes multinationales en passant par les ONG) intervenant directement au niveau mondial à côté des Etats. Dès lors, en s'intégrant et en se complexifiant, le Monde tend à devenir un espace géographique à part entière, autrement dit l'espace d'une société et ce, à l'instar des Etats européens se transformant en sociétés nationales au fur et à mesure de leur unification à partir du XVIIIe siècle. Or, en fournissant une échelle supplémentaire d'appartenance et d'identification, cette construction sociale du Monde ne peut que s'accompagner de profonds bouleversements dans la vie des hommes en société.

Parmi ces bouleversements, celui du rapport à l'Autre apparaît un des plus fondamentaux. Il n'est plus possible aujourd'hui d'ignorer ou de rejeter l'Autre : l'étranger est devenu le voisin, avec qui il s'agit désormais de vivre. La découverte et l'apprentissage de l'interdépendance à l'échelle du Monde marque de manière décisive la période contemporaine. Celle-ci, comme le souligne J.-M. Guéhenno[1], voit le passage, lent mais progressif, de l'ambition d'être maître chez soi, totalement indépendant, à la conscience de la nécessité et de l'intérêt du bon voisinage : dans un espace plus restreint où il convient de coexister, la contrainte réciproque et volontaire, donc maîtrisée, devient la meilleure assurance du respect de la liberté de chacun.

La coexistence, par-delà les différences, est la condition première de toute vie en société et ce, à toutes les échelles, de la communauté au Monde en passant par la nation. Pour y parvenir, le chemin ne peut être que politique ; seule méthode à même, selon J. Lévy, de définir, par la délibération et la conviction partagée des individus, les conditions légitimes d'un « *vivre-ensemble planétaire* ».

1. Guéhenno J.-M., « Le modèle européen », *Ramsès 2000*, Ifri, 1999, p. 281.

Index

A

Alena 41
Américanisation 140
AMI 175
AMM 38, 184
Antimondialisation 195
ASEAN 155
Attac 110, 196

B

Bretton Woods (Accords de) 105

C

Christianisation 51
Colonisation 58
Commerce mondial 85 et suiv.
Continentalisation 41

D

Délocalisation 39
Déréglementation 40
Diffusion planétaire 39
Distance 68, 72
DIPP 116

E

Environnement 161
Espace (géographique) 33 et suiv.
Expansion européenne 50 et suiv.

F

Firmes globales 21, 176
Flux idéels 135 et suiv.
FMN 21, 26, 112, 169
FMI 73, 158, 166, 195
Fusions 178

G

G7/G8 188, 195
Gatt 72, 79, 89, 155
Globalisation 19 et suiv.
« Glocalisation » 40
Guerres mondiales 63

I

IDE 102, 110 et suiv.
Intégration 39 et suiv., 62, 97 et suiv., 121
Internationalisation 40

L

Libre-échange 60, 72, 97 et suiv.
Libéralisation 40, 72, 89, 101, 106, 126, 164

M

Marchandisation 41
Mercosur 41, 152, 155
Métropolisation 181
Migrations 118 et suiv., 190
Multinationalisation 41, 169
Multinationales 169 et suiv.

N

NPI 94, 109, 152
NTIC 21, 69

O

OCDE 22
OI 153 et suiv.
OMC 72
ONG 185, 196
ONU 74, 154
Opinion publique 194

P

Patrimoine mondial 38
PED 67
Pétrole 90 et suiv.
Protectionnisme 60, 64, 73, 99, 125

R

Régionalisation 41, 99
Régulation 75, 109, 191
Relations internationales (RI) 29, 103, 153
Réseaux 35, 51 et suiv., 116 et suiv., 173
Révolution industrielle 55

S

« Société-Monde » 20, 32
Souverain (Etat) 74, 149 et suiv.

T

Télécommunication 56, 69, 107
Temps mondial 75, 107
Tourisme 119, 128 et suiv., 189
Transactions financières 70 et suiv., 102
Transnationalisation 41
Transports 34, 56, 68
Triade 21, 42, 112, 117, 176

U

Uruguay Round 72
Uniformisation 74, 140, 196
Universalisation 30, 42

X

Xénomonnaie 105

Glossaire des sigles utilisés

Alena	Accord de libre-échange nord-américain
AMI	Accord multilatéral sur les investissements
AMM	Archipel mégapolitain mondial
Asean	*Association of south-east Asia Nations* (Association des nations d'Asie du sud-est)
Attac	Association pour la taxation des transactions et d'aide aux citoyens
BRI	Banque des règlements internationaux
BM	Banque mondiale
CE	Communauté européenne
Cnuced	Conférence des Nations unies pour le commerce et le développement
DIT	Division internationale du travail
FMI	Fonds monétaire international
FMN	Firme multinationale
G7/8	Groupe des sept (ou huit) pays les plus industrialisés et la Russie
Gatt	*General Agreement on Tariffs and Trade* (Accord général sur les tarifs douaniers et le commerce)
IDE	Investissement direct étranger

Mercosur	Marché commun du sud de l'Amérique
NPI	Nouveaux pays industrialisés
NTIC	Nouvelles technologies de l'information et de la communication
OCDE	Organisation de coopération et de développement économique
OI	Organisation internationale
OEA	Organisation des Etats américains
OMC	Organisation mondiale du commerce
OMS	Organisation mondiale de la santé
ONG	Organisation non-gouvernementale
ONU	Organisation des Nations unies
Opep	Organisation des pays exportateurs de pétrole
Otan	Organisation du traité de l'Atlantique nord
PEP	Pays à économie planifiée
PDEM	Pays développés à économie de marché
PED	Pays en développement
PMA	Pays les moins avancés
PIB	Produit intérieur brut
PNB	Produit national brut
UE	Union européenne
Unesco	Organisation des Nations unies pour l'éducation, la science et la culture.

Table des cartes

- L'européanisation du Monde 48
- Les utilisateurs d'internet dans le Monde 71
- Le commerce du pétrole dans le Monde 90
- Les flux du commerce mondial 96
- Les IDE dans le Monde 115
- Les migrations internationales dans le Monde 122
- La mise en tourisme du Monde 132
- Répartition régionale des serveurs sécurisés (graphique) 138
- Le système des Nations unies 156
- Les 500 plus grandes firmes multinationales dans le Monde 172
- Les réseaux de mégalopoles : l'AMM 182

Bibliographie indicative

ADDA J., *La Mondialisation de l'économie*, 2 vol. 1. *Genèse*, 2. *Problèmes*, La Découverte, Paris, 1998.

Alternatives économiques, « Qui gouverne l'économie mondiale ? », Hors série, n° 47, Paris, 1er trimestre 2001.

ANDREFF W., *Les Multinationales globales*, La Découverte, Paris, 1996.

BADIE B., SMOUTS M. C., *Le Retournement du monde. Sociologie de la scène internationale*, Presses de la FNSP & Dalloz, Paris, 1992.

BAUDRAND V. et al., « La Mondialisation est un processus géographique », in *Revue IREGH*, n° 8, Clermont-Ferrand, automne 2000.

BRAUDEL F., *La Dynamique du capitalisme*, Flammarion, Paris, 1996 (réédition).

CORDELIER S. (sous la dir. de), *La Mondialisation au-delà des mythes*, La Découverte & Syros, Paris, 2000 (nouvelle édition).

DE SENARCLENS P., *Mondialisation, souveraineté et théories des relations internationales*, Armand Colin, Paris, 1998.

DOLLFUS O., *La Mondialisation*, Presses de Sciences Po, Paris, 1997.

DURAND. M. F. et al., *Le Monde, espaces et systèmes*, Presses de la FNSP & Dalloz, Paris, 1993.

GEMDEV, *La Mondialisation. Les mots et les choses*, Karthala, Paris, 1999.

KNAFOU R. (sous la dir. de), *La Planète nomade*, Belin, Paris, 1999.

LECLERC G., *La Mondialisation culturelle. Les civilisations à l'épreuve*, PUF, Paris, 2000.

LEVY J., *Le Monde pour cité*, Hachette, Paris, 1996.

MATTELARD A., *La Mondialisation de la communication*, PUF, Paris, 1996.

MERLE M., *Bilan des relations internationales contemporaines*, Economica, Paris, 1995.

MOREAU DEFARGES P., *La Mondialisation*, PUF, Paris, 1998

Problèmes économiques, « Mondialisation et gouvernance mondiale », n° 2611-2612, La Documentation française, Paris, avril 1999.

RAINELLI M., *Le Commerce mondial*, La Découverte, Paris, 2000 (7e éd.).

RAMSÈS 2000, « L'entrée dans le XXIe siècle », Dunod, Paris, 2000.

Sciences Humaines, « La Mondialisation en débat », Hors série, n° 17, Auxerre, juin/juillet 1997.

TEULON F., *La Nouvelle économie mondiale*, PUF, Paris, 1997 (3e éd.).

WARGNIER J.-P., *La Mondialisation de la culture*, La Découverte, Paris, 1999.

Notes

Notes

Notes

Notes

Notes

Notes

Principes

34/38, rue Camille-Pelletan
92309 Levallois-Perret cedex
Imprimerie Darantière - 21801 Quetigny cedex
Imprimé en France - 1er trimestre 2002
N° d'impression - 21-1300

Directrice de la collection : Annie Reithmann
Responsable d'édition : Elsa Goisnard
Conception graphique : Catherine Aubin

Dépôt légal à parution **ISBN** 2-84472-160-5